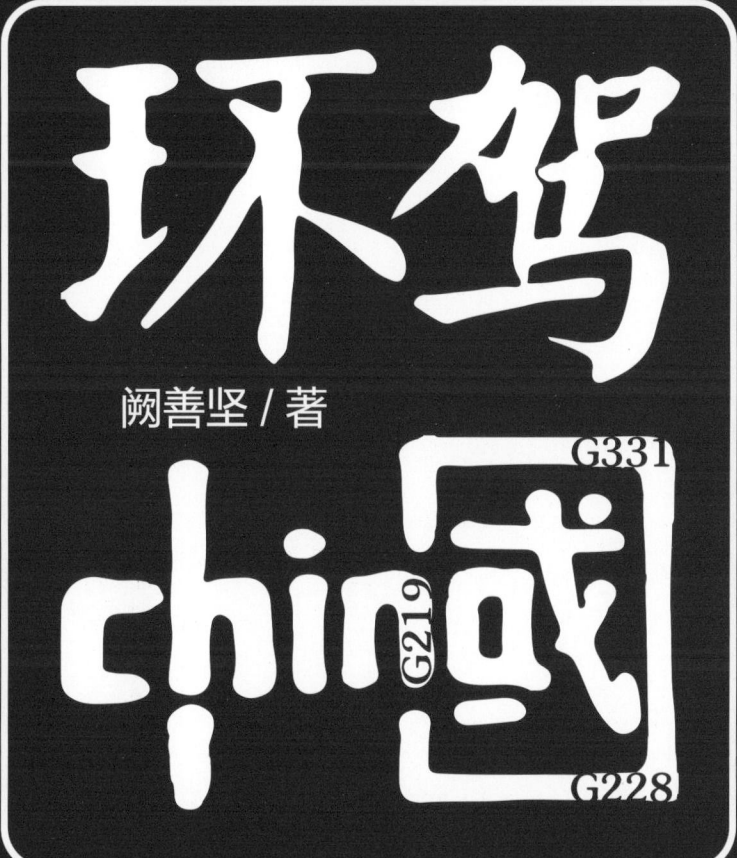

图书在版编目（CIP）数据

环驾中国 / 阙善坚著. -- 北京：东方出版社，2025.7. -- ISBN 978-7-5207-4533-8

I. K928.9

中国国家版本馆 CIP 数据核字第 202516HN22 号

环驾中国
HUANJIA ZHONGGUO

作　　者：	阙善坚
责任编辑：	黎民子
出　　版：	东方出版社
发　　行：	人民东方出版传媒有限公司
地　　址：	北京市东城区朝阳门内大街 166 号
邮政编码：	100010
印　　刷：	鸿博昊天科技有限公司
版　　次：	2025 年 7 月第 1 版
印　　次：	2025 年 7 月第 1 次印刷
开　　本：	880 毫米 ×1230 毫米　1/16
印　　张：	25
字　　数：	410 千字
书　　号：	ISBN 978-7-5207-4533-8
定　　价：	238.00 元
发行电话：	（010）85924663　85924644　85924641

版权所有，违者必究

如有印装质量问题，我社负责调换，请拨打电话：（010）85924602　85924603

前 言

我是阚善坚，江湖人称 Tony，环驾中国边境线 5 圈总指挥，深圳自游穿越自驾游有限公司总经理，"自游穿越"创始人。两次穿越四大无人区，自驾走过进藏 10 条线路，2018—2024 年带队环驾中国边境线 5 圈。强大后勤保障团队帮您实现环驾中国边境线的伟大梦想！

用车轮丈量国土，致敬大美中国，历时 122 天，行驶 38000 公里，给祖国描个边。我们生长在这片土地上，960 万平方公里的国土幅员辽阔、景色壮美。从南到北、从东到西、从平原到雪山、从草原到戈壁、从沙漠到海洋，在这说长不长、说短不短的 122 天里，我们饱览了祖国的大好河山，欣赏了沿途的自然风光，了解了历史文化、民族风情、特色美食等这些不曾见过的美好，我们在旅途中见天地、见众生、见自己，这是一次非凡的旅行。

我们用行动致敬曾经奋斗的您！

目 录

001
──●────────
2012年
最初的梦想！

053
──●────────
2018年
单人单车环驾中国

071
──●────────
2018年
最初的攻略

151
──●────────
2019年
带着父母去环驾

189   **225**   **235**   **243**

2020年 我们去了西沙和西藏

2021年 环驾中国之『塔莎古道』

2022年 开启环驾中国之高端定制版

2024年 第六届环驾中国边境线

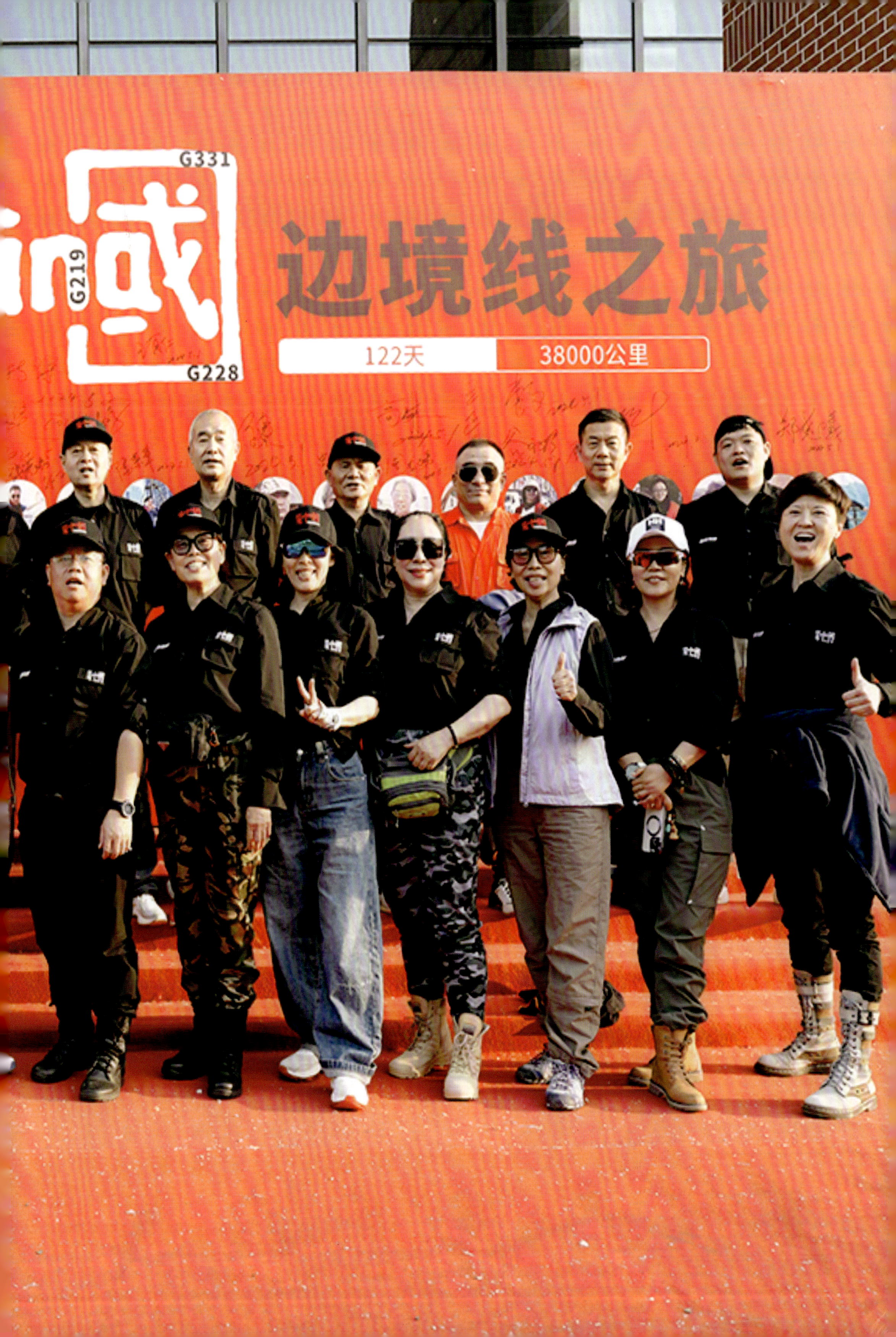
G331
G219
G228
边境线之旅
122天
38000公里

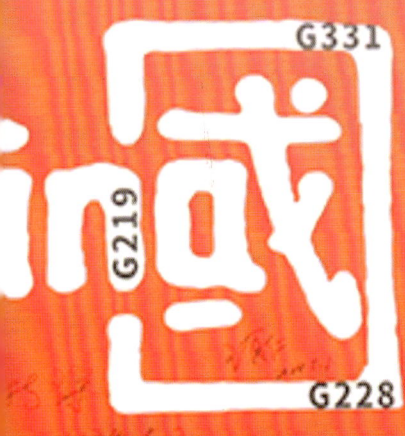

环驾chin國

2012 年

最初的梦想!

一生中一定要去一次西藏的 20 个理由

说起去西藏，很多人都很向往，但一说到什么时候出发，问题就浮现出来了，工作、时间、家人、经费、安全……有一万个理由可以让你犹疑不前，岁月就在羡慕、向往、等待中度过。一生中一定要去一次西藏的 20 个理由，其实说到底只有一个理由，就是"决意"！下定决心，有一个强烈的意念，其他所有的理由都不再是理由。

→ 仰望
在那里，一个性格无比刚硬的男人在日记本上写下了第一个词——"繁星"，余下的字迹全被泪水模糊。在都市沉浸太久，夜未央的霓虹让他忘了星空的璀璨。这是成年后，他第一次哭泣。

→ 听风
这里的风迅猛却纯净，开路的藏族小伙子迎风高歌，红霞正爬上几百公里外女孩的脸颊。

→ 温度
在盛夏夜晚体味 –10℃的寒风，你还会惧怕人生中什么更漫长的寒冬？

→ 远眺
又一座山峰被你踩在脚下，远方的群山向你致敬，西藏会把你的灵魂锻造为最硬的铁骨钢筋。

→ 漂泊
你将成为孤独的旅人，在心灵上自我放逐。有什么环境能比这里更宜于自省？寂寥的西藏会帮你沉淀浮躁的心绪。

→ 时间
时间在这里停摆。什么？你也感觉到了？

→ 鉴赏
眼前的世界以最原始的形态迎接审视的目光。涓滴的雪水汇成滔滔的河水，大地千沟万壑，我们在鉴赏大自然的粗犷之美。

→ 友谊
你会永远记得深陷沼泽时向你伸来的援助之手，那是过命的交情。

→ 对视
牦牛、藏羚羊的眼神中有茫然、恐惧，也有蔑视。它们纯粹，它们高傲，它们翩然离去，留下我们怅然若失。

→ 味道
酥油、熬茶、牦牛粪、高原野花，以及被挤压出翠绿汁液的青草，这是最迷人的味道，是独属于西藏的味道。

→ 感悟

许多年后,当你垂垂老矣,你可以志得意满地抚着儿孙的头说:"我曾到过,思考过。"

→ 伤逝

西藏不会总以同一副样貌出现在你面前,时常犹抱琵琶半遮面,就像残缺也是美一样,生命很玄妙,命运的玩笑也会有说不出的隽永。

→ 岁月

面对西藏,它没怎么变,但我们却在一分一秒地老去。

→ 守候

如圣湖、神山、雪域、高原……西藏的美,美得让人心疼,让人留恋,让人落泪!它的山与水、天与云、人与自然,以及它的历史与文化,是我最想守候的一切。

→ 天空

旗云在山上投下斑驳的影子,那是谁的画像?是你,也是我。

→ 挑战

挑战越来越高的海拔,体会枕戈待旦的滋味,没有骤然响起的战鼓,只有原始野性带来的肾上腺素飙升。

→ 舞台

你和我只是配角,这个舞台永远属于千百万年前就在这里繁衍生息的它们。

→ 爱情

有人试图征服西藏,却在这里坠入情网。荷尔蒙是奇妙的东西,酒不醉人人自醉。

→ 颜色

用三个词形容心中的西藏:"神秘""神圣""纯净";用三种颜色形容心中的西藏:"金色""红色""蓝色"。谛听、感悟、赞叹、寻访、发现,还有 N 个隐秘之地?

→ 呼吸

在海拔 4000 米以上的地方沐浴晨光,让稀薄但纯净的空气充盈你的肺,灵魂在那一刻洗尽铅华。人的一生不该用呼吸次数来计算,而是让你"喘息"的次数。

2012 年,传说中的"世界末日",亦是龙年,我的本命年,感谢上天赐予我一个可爱的儿子。总想在本命年和世界末日来临之前去实现自己的梦想,怀着这个梦想,我克服所有的困难,离开温柔贤惠的妻子、美丽的女儿、刚刚满两个月的儿子,怀揣着一个"仰望西藏"的梦想,出发!

西藏,我来了!

2012 一路向西，西藏之旅，行程安排

出发时间

2012 年 9 月 29 日 21：18

出发地点

中国　深圳　罗湖

同游人员

郭大侠　飘逸　强哥　徐总　董哥

汽车装备

1. 北京 JEEP 7250 2.5 排量；

2. 备胎 2 个；

3. 千斤顶 2 个；

4. 修车工具 1 套；

5. 换火花塞工具 1 套；

6. 螺丝刀、钳子、扳手 2 把；

7. 其他装备齐全。

出发前的车辆准备工作

1. 汽车保养：更换机油、滤清器，多带一条皮带，更换 6 条轮胎，更换 1 个新 CD 机，更换后座靠垫 2 个，增加 1 个行李架！

2. 更新设备：3000 米海拔轮胎要放气。

日常物资

进藏必备用品：
太阳镜 1 副	皮鞋 1 双	保温暖水壶 1 个
太阳帽 1 个	登山鞋 1 双	拉杆箱 1 个
防晒、护肤、润唇膏 1 套	牙膏 1 支	小电池 1 排
长袖上衣 6 件	牙刷 1 把	购物袋 1 卷
毛衣、毛裤 1 套	毛巾 1 条	小背包 1 个
帐篷（中途用）1 个	筒纸 3 卷	相机包 1 个
自动充气垫 3 个	纸内裤 4 包	邮政储蓄绿卡 1 张
红色睡袋（防寒）2 个	消毒湿巾 10 包	铅笔和写字本 118 本（给路上的小朋友）
床单（防脏）1 条	手电筒 1 个	
羽绒服 1 件	防水火柴 4 盒	1 角人民币 100 张
拖鞋 1 双	刀具 1 把	充电器 2 个
	绳子 1 根	

食品类

巧克力 3 盒	口香糖 1 盒	止痛药 1 盒
牛肉干 1 袋	方便面 1 箱	红景天 1 罐
榨菜 10 袋	药品 1 箱	洋参含片 1 盒
饼干 3 盒	感冒药 1 盒	

注：饮用水 1 桶（这个一定要带着，一是防止水土不服，另外可以防止车"开锅"——这两个问题我都遇到过，饮用水起了很大作用。）

2012年10月5日　飘逸和郭大侠在普达措国家公园前合影

2012年10月12日　无与伦比的美丽——羊湖

2012年10月14日　雄伟的珠穆朗玛峰

2012 年 10 月 10 日　终于看到了气势雄伟的布达拉宫

2012 年 10 月 5 日　行走在普达措国家公园

2012 年 10 月 12 日　海拔 7191 米的乃钦康桑雪山，蓝天白雪

2012 年　最初的梦想！

2012年10月11日　八角街幸福的笑容

2012年10月5日　通往心灵深处的小路

2012年10月14日　使出最后的力气腾空一跳，欲与珠峰试比高

2012年10月5日　专注

2012年10月14日　神鸟翱翔在空中

2012年10月20日　修车时意外的收获——斗牛

2012年10月20日　脊梁，是我唯一的表达

2012年10月20日　小河也是穿越的乐章

2012年10月11日　有一种虔诚叫顶礼膜拜——磕长头

2012年10月11日　有一种爱叫浪漫——玛吉阿米

2012年10月11日　有一种休闲叫享受生活——品味奶茶

2012年10月11日　有一种宁静叫安详——静静绽放

2012年　最初的梦想！

Day1
9月29日

深圳—广州
行程：150 公里

2012 年 9 月 29 日晚 10：08

  从深圳罗湖出发，我接上郭大侠，直接进入广深高速，本来广深高速上有 1.5 小时的车程，但因为第一次高速公路免费，所以有车的、租车的也上高速感受一下免费的滋味，于是，广深高速公路就"开车展"了，整整堵了 5 个小时。到了广州穿越西部俱乐部的时候已经是凌晨 3：30 了，俱乐部杨总亲自接待了我们。

  我们喝茶聊天，转眼就到了凌晨 4：00。杨总为我们准备了丰富的物资：氧气瓶、车贴、地图、路书等自驾游设备。

  杨总亲自为我们贴好车贴后，就目送我们离开了，当时是凌晨 5：30。迎着东方微微的亮光，我和郭大侠正式出发，去西藏，找"方舟"，开始这次探险旅程！

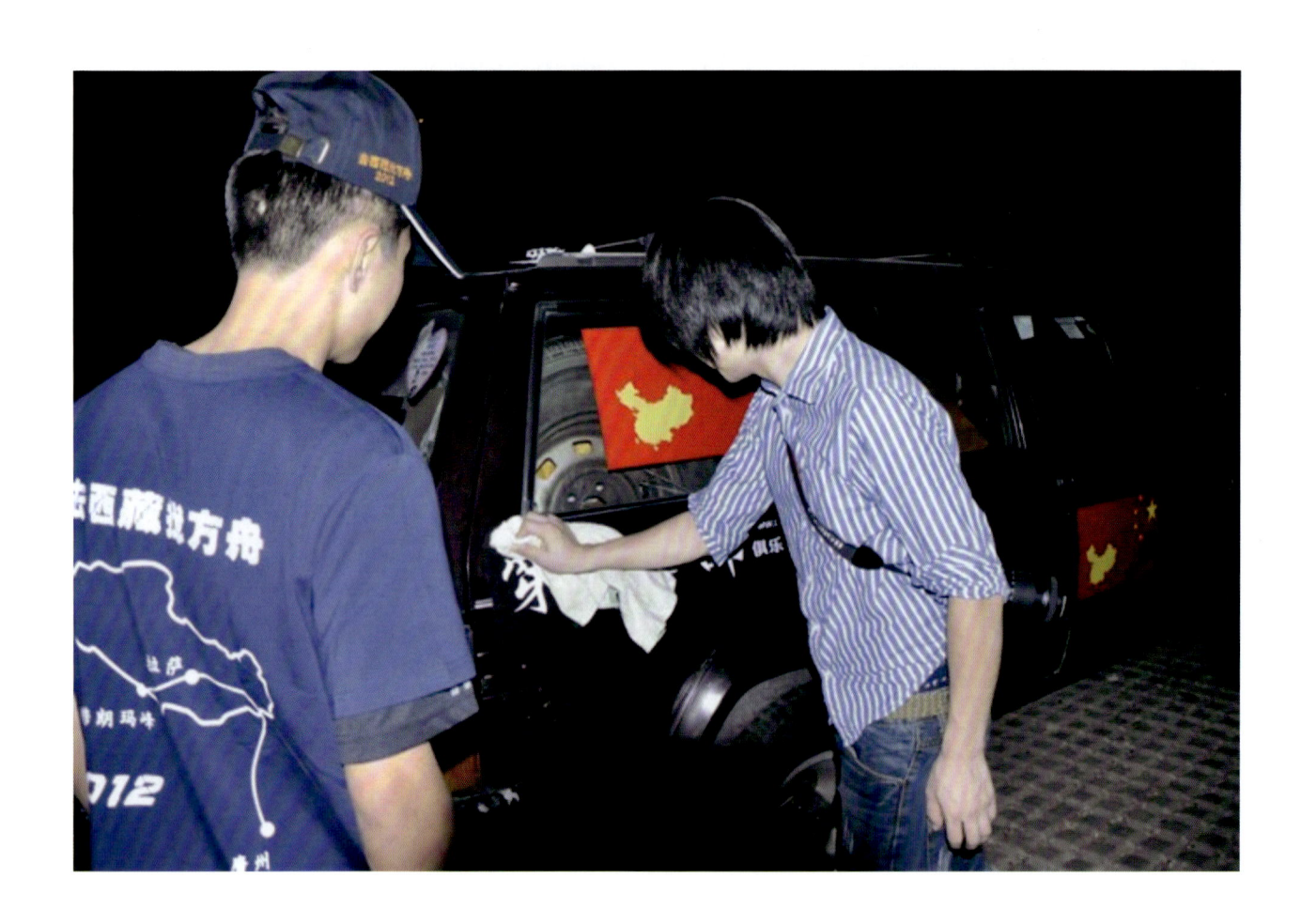

Day2
9月30日

广州—南宁
宿：南宁—昆明高速公路服务区
行程：1000公里

2012年9月30日 7：00

  我们休息了2小时后，迎着清晨的丝丝凉风，继续出发。因为今天是中秋节，所以一路上都没有很多车，但中间还是有一段塞车，中午简单在服务区吃了一点就继续出发了。

  16：50我们到达了南宁，到了南宁后给一个朋友打电话，一直都没有接听，算了，吃大餐的希望是没有了。当时饿得不行了，到南宁的超市买了一些凉粉和水饺，赶快填饱肚子，吃饱了后才想起："哦，今天是中秋节，怎么也得犒劳一下自己吧，去买些肉吃吧！"但当时已经吃得非常饱了，也吃不下了，算是过了一个最简单的中秋节吧！

  吃饱晚餐后，华灯初上，踏着夜色，我们又出发了，开往昆明。希望，一直在前方！

2012年 最初的梦想！

Day3
10月1日

南宁—昆明—大理—丽江
行程：900 公里

2012 年 10 月 1 日 8：00

　　国庆节，我们在服务区吃完早餐就出发了。途中经过广西的一个小石林，非常高兴，停下来拍照，摆 pose，超级搞笑版。中午时分就到达了昆明，提前给昆明一位义工团团长——常帅打了电话，常董事长早早就安排了宴席为我们接风洗尘，他下午也要去丽江，正好可以同行。

　　但常董开的是奔驰，我们的吉普肯定跟不上，所以只能分开走了。正好郭大侠也有一个好哥们儿在昆明做生意，我们就顺道去看望了他的哥们儿和他可爱的儿子。告别郭大侠的朋友，是 16：03。我们继续开车前往丽江，途中经过大理，停下来品尝了大理的特色菜。吃完我们继续开车前往丽江，到达丽江已经是凌晨 1：30 了，没有酒店可以入住，我们干脆就把车停在丽江古城的大门口，在车上休息了一晚。

Day4
10月2日

丽江—宁蒗—泸沽湖
行程：300 公里

2012 年 10 月 2 日，生日快乐！

  今天是我的生日。在美丽的丽江、泸沽湖度过 2012 年龙年本命年的生日，非常开心！起初他们都不知道我今天过生日，到了晚上，我和他们说了今天是我的生日，他们都很惊讶："怎么不早说啊！"然后就非常热情地把鸡腿、酒都放到我的桌边，有个哥们儿一定要把一个鸡腿喂给我吃，还让我不能用手接着，只能用嘴巴接着。在异域他乡，和一帮摩梭朋友一起过生日也是一件非常开心的事情。

  清晨 6:00，醒来是在丽江古城的大门口。我们将车开到附近的一个停车场，开始架锅煮方便面吃。那天早上煮的方便面，吃得非常香，旁边一辆车的大叔非常羡慕我们的汽油炉，还问我是哪里购买的呢！

  吃完早餐，顺着丽江古城的街道慢慢地走，慢慢地欣赏丽江的那份美丽、祥和、纯朴、悠闲。

  中午游览完丽江后，我淘了一套丽江原创歌手的 6 张碟。非常好听，特别是小倩的《遇见》，那个噪音，那个歌词，非常打动旅途中的人们。我后来一直听这首歌，直到学会唱了为止！在丽江旅游的时候真的不想离开了，想停下来，静静地坐着，看着行色匆匆的人们，想想他们都在追求什么，我是不是和他们一样，寻找着，迷茫着，再寻找，再迷茫……

  泸沽湖的哥们儿早早打电话催我们过去吃饭，我怀着依依不舍的心情，开车离开了丽江，前往传说中的泸沽湖。16:00 到达了泸沽湖，郭大侠宁蒗县的朋友张生热情地接待了我们，邀请几个很好的朋友一起开车前往泸沽湖，展开了 3 天的泸沽湖之旅……

2012 年 最初的梦想！

Day5
10月3日

泸沽湖
行程：30公里

美丽的泸沽湖

当晚于18：00到达了泸沽湖，因为张生是宁蒗县本地人，去泸沽湖的一行九人全部免票进入景区，节约了一大笔费用。

接下来的时间就是吃泸沽湖非常有特色的烧烤，他们把乳猪、野鸡、牛肉、土豆等基本上可以烧烤的食物都放在烧烤炉上烤来吃！

张生和我

这里非常值得一提的是他们对酒的热爱，他们喝酒可以从早上7：00起床一直喝到次日凌晨5：00，直到喝得走不动了，睡着了为止。他们可以一天都在喝酒，烧烤，吃肉……他们非常热情好客，民风非常淳朴，不太计较得失，并且乐意帮助人。

当晚我们就在泸沽湖旁边把酒问青天，谈人生几何。我们喝酒喝到凌晨4点多，张生带着我们到附近的酒店和客栈去住，可惜所有的客栈和酒店都已经满了，我们只好回到车上窝着小睡了1个小时。

应张生邀请，我们还去了张生家里做客，他父母很热情地接待了我们，给我们做了很多好吃的，为我们准备了舒服的客房，那晚是睡得最舒服的一次了，因为那个房间的避光性非常好，外面的光线一点都进不去，一觉睡到9点钟以为天还没有亮呢。

张生家的门楣非常矮，刚进门的时候被磕了两次，后来问张生才知道，他们的习俗就是为人要低调，进门要低头，表示对主人、屋里的人的尊敬，一定要弯腰进入。知道这个道理后我就再也没有磕过了。

他们的做饭方式很简单，在客厅的神台前，挖一个小坑，然后架起一只锅来煮饭，煮好就在旁边支一张小桌子，桌子有很多个款式，两人桌、三人桌、四人桌到十人桌都有，大家围着火台一起吃饭，或者一起聊聊家常。

Day6
10月4日

泸沽湖—丽江苏荷古镇—虎跳峡
海拔：3260 米

  吃完早饭从泸沽湖出来已经是下午了，我们去了朋友的客栈喝茶，朋友客栈的摆设古朴优雅，墙上的壁画非常精美。听朋友的太太说，一位酷爱画画的僧侣来到这间客栈住宿，看到客栈没有画画和布置，他心里很高兴，觉得自己有了用武之地。和客栈主人商量好，免费住宿，但帮他们画画。这个双赢的好想法让双方皆大欢喜，于是就有了现在客栈的风格！

  本来车在泸沽湖时就发现有些漏机油了，当晚去维修的时候已经是18：00了，当地人有很好的作息习惯，到了下班时间，给再多钱也不干活了，要下班。我去问了好几家店铺都说："下班了，明天再来！"就这样我们一直拖到回丽江都没有修好车，这也是后面酿成大错的起因！

  从朋友客栈出来后我们着急赶路去西藏，因为在泸沽湖喝酒喝了3天，心里有些着急，就把车漏机油的事情忘了。晚上我们准备一直开车到香格里拉再住宿的，结果开到离香格里拉还有39公里的盘山公路上时，听到发动机的嘶吼声，声音很大，车也走不动了。我赶紧下车检查，一看机油已经没有了，太恐怖了！估计是伤到发动机的"瓦"了。于是我将车停在路边，找路边加水的老板想办法，看看有没有机油可以加进去，但老板也没有办法，他也没有备用机油了。我们只好在路边竖起大拇指拦车，有很多辆车停下来，可惜要么是只有一桶机油，已经加完了，要么就是没有带备用机油的，大家都很失望。没有办法，我们只好在车上由后排改造的床上睡觉，等天亮再想办法。

2012年　最初的梦想！

Day7
10月5日

虎跳峡—奔子栏

今天我一大早就起床了，因为昨晚在那个山谷里实在是睡不着。山谷里有一处泉水，声音特别大，一晚上我都被迫听着哗哗的山泉水声。另外，我也担心车子坏了走不了，所以一直迷迷糊糊地睡不着，最后也不知道什么时候睡着的，估计是太累了吧。

早上7:00郭大侠起来后，我和他商量了一下，最近的小镇就是虎跳峡镇了，郭大侠留下来看着车，我拦车去虎跳峡镇找人来修车。

我拦了一会儿车，有好心人停下车问我，要去干什么，为什么在这里。我和司机说明了情况，他很乐意让我搭车，我就坐车到了虎跳峡镇。司机推荐了镇里修车技术最好的修理厂，把我放在修理店门口就走了。

到了修理厂，我和老板说明了情况。他刚刚起床，正在刷牙洗脸，问我有没有吃早餐，要等他们吃完早餐才能和我一起去修车。他还热情地叫我一起吃了早餐，然后安排师傅带着机油和工具就出发了。

当时师傅的判断是发动机漏机油了，加满机油就可以了。到了坏车的现场，郭大侠已经等很久了，心中有些焦急。

师傅先检查了油底壳下面的螺丝，发现是油底壳的螺丝松了。把油底壳的螺丝更换了之后，加满了机油，仔细听发动机的声音，师傅说没有伤到发动机的"瓦"，应该可以继续出发。其实当时已经伤到发动机的内部配件了，以致后面在西藏返回深圳的路上，在距离昆明98公里的地方，发动机的横杆把发动机打了一个大洞，发动机直接歇菜了。我们在昆明修补发动机这个大洞花了5天时间，那都是后面发生的故事了，在后面我会展开来详细描述。

修好了车，我们继续出发，前往滇藏线的下一站：梅里雪山。当时因为赶路，开得比较快，中午也只随便吃了一点，一直开到了晚上。因为一直在山路上走，蜿蜒曲折的山路，山势很险峻，车也比较少，为了能够给自己壮胆，我总想跟着当地车牌的车走。然而每次都只能跟上一小段路就跟不上了，这个时候还不知道什么叫"五菱宏光神车"，大部分时间跟着的都是长安面包车，他们在山路上跑得飞快，后来才知道，这个车就是云南当地的公交车，他们就是靠这种七座小面包车来往于城市和乡村之间。

一个晚上都是在跟当地车，跟丢了，跟下辆车；继续跟丢，再跟下辆车。在跟一辆小面包车后面时，距离很近，他突然向右打方向跑了，我还在纳闷，干吗往右边跑啊，还没有反应过来，我的车已经斜轧着一个塌方的斜坡开过去了，吓出一身冷汗，赶紧踩刹车，差一点车就侧翻了。这个时候才明白过来，刚才那辆车为啥要右拐了，因为塌方，路已经修改到右边了。好悬啊！差点就翻车了。8年过去了，至今我对此事还心有余悸。从那以后，我自驾带队跟当地人的车都跟得比较远，他们熟悉路况，知道哪里有石头，哪里有坑，他们可以快速做出反应，我们因为不熟悉路，不可能那么快做出反应，所以就很有必要保持车距。

缓过神来之后，我和郭大侠都不想再开车了，正好也到了一个小镇，后来知道这个小镇叫作奔子栏。我们本来还想夜穿白马雪山到梅里雪山的飞来寺住的，因为刚才的惊魂未定，也没有心思继续开车了。到了镇上，我们想找一个地方住下来，找到一间招待所，进去一看，没人，再往里走，边走边喊："有人吗？老板在吗？"一直没有人应答，从前厅走到了后院，还是没有人应答。

正当我们准备走的时候，看见院子里面停着一辆"粤B"牌照的车，那真是惊喜啊，我们又继续喊了几声，从房子里面出来一个人，瘦高瘦高的，戴着眼镜，穿着冲锋衣，一看就是出来旅行的。他看我们找不到老板，便问："你们要住店吗？"

"是的。"我焦急地回答。

"老板应该在吃饭吧，一会儿就出来了。"

我就问他，那辆粤B牌照的车是不是他的，他说是的。

后来才知道，他叫强哥，一行人也是去西藏的，我们就在他们房间里坐了下来。他们很热情地倒水给我们喝，还问我们是否吃了晚饭。从他们口中了解到，他们也是一车四个人准备去西藏的，结果车上有一个哥们儿上到白马雪山就出现高反，不得不返回。后来再次开车上去到达飞来寺，还是高反，又下来了。这样来回折腾了三次，今天还是出现高反，就回到了奔子栏。正在想办法解决这些问题呢，另一个车友已经搭别的车走了，去了梅里雪山。他们三个人准备开车回深圳了。

当晚，郭大侠把我叫到一边，说出了心里话，他其实也不是很想去西藏，一是因为经济问题，另一方面也是因为老板发来信息："要么回来上班，要么就不用回来上班了！"经过再三考虑，他还是决定回去上班，毕竟那个时候在深圳还是要有一份工作的，不然就喝西北风了。

这样的情况，我也能理解，我也非常感谢郭大侠，那么多答应了出发的人都放了鸽子，最起码郭大侠还陪我一路走到了云南，去了泸沽湖，还让他的好朋友接待了我们，一起玩了好几天呢。

鉴于此，我们两班人马坐在一起商量，最后的结果就是：强哥坐我的车继续去西藏，郭大侠开强哥朋友的车回深圳。

本来的大问题就这样轻松解决了，那接下来要解决的问题就是：强哥开惯了自动挡的车，对我的手动挡小切（小切诺基，简称"小切"）还不知道能不能开。

Day8
10月6日

奔子栏—梅里雪山
宿：守望6740客栈

第二天一大早，我们两班人马都起得很早，因为这是一个充满期待的清晨，我们都希望强哥能够开好我的手动挡小切，然后他们就可以回深圳了。强哥上车之后，打着火，踩离合，挂挡，松离合，加油，走，然后熄火了。没关系，继续来一遍，还是熄火。好不容易不熄火了，他就开着一挡在奔子栏的大街上转了一个来回，就算考察合格了。其实我也知道，接下来的路程都得我自己开，因为按照当时强哥开手动挡的技术，我实在是不敢给他开啊。事实证明也是这样，后来在东达山上坡的时候，强哥怕我太累，主动要求开了一段，上坡上到一半，换挡和离合没有配合好，最后还是我来开车上山。再后来，强哥就没有开过这辆车了，他主要的工作就是做好服务，为我端茶倒水和找吃的。

就这样，和郭大侠、强哥朋友道别后，我和强哥就继续出发了。因为新的组合，因为可以继续去西藏，强哥非常开心，我们一路上欢歌笑语开着车，来到了奔子栏最有名的大拐弯，拍了照。一路上，小切非常给力，翻山越岭，到达了海拔4000多米的白马雪山，到了垭口，我和强哥都单独和白马雪山的海拔标识牌合影留念了。当时还下起了零星小雨，但这不会浇灭我们的热情。我们一路顺利到达了梅里雪山，在飞来寺过去几百米远的地方，我们找到一个叫"守望6740"的客栈住下，因为当时是阴天，看不到梅里雪山，我和强哥就决定留下来住一晚，看看明天早上能否看到传说中的"日照金山"！

到达客栈是下午4点钟左右，离吃晚饭还有一段时间，我和强哥找了一个能够看见梅里雪山的窗前坐下来，打开电脑，整理一下之前的照片，也把客栈的书拿来看，时不时看看对面的梅里雪山是否露出了真面目。一开始我和强哥各要了一杯奶茶，后来强哥又要了啤酒，继续悠闲地喝着。旁边桌有一男两女也在悠闲地坐着喝奶茶，后来我们认识了一下，其中一个叫钟志，我俩一直到现在都还有联系，她是一个钢琴调音师，从她口中我才知道有这个工作。

当天下午，我们有一句没一句的聊得很开心。后来吃饭的时候，钟志他们叫我们两个人和他们一起搭伙吃晚饭。结果老板一高兴，叫我们干脆和他一起搭伙吃饭，不用付饭钱了。那时的人们就是那么淳朴，只要一高兴，钱都不是事儿。我们一起唱歌，老板的嗓音特别好、特别洪亮，一起吃饭的还有老板的几个朋友，他们几个应该是经常一起唱歌，很有默契。每次唱的歌，他们几个人都会，是藏语的歌。我们虽然听不懂，但是那优美的旋律至今难忘。

我们一起喝酒，一起唱歌，一起跳舞。跳得非常开心的时候，一不小心竟把我们烤火的火盆踩翻了，火星满屋飞，照在每个人的脸上，都是乐呵呵的。庆幸的是，没有人因为火盆打翻而受伤，大家继续唱歌跳舞，我没有他们那么嘹亮的嗓门，就喝着酒。手边刚好有一个手鼓，我便跟着音乐旋律胡乱地拍打，欢笑着，一直到深夜。最后，我们和着酒意和疲惫，暖暖地睡去，一直睡到天亮。

Day9
10 月 7 日

梅里雪山—芒康—左贡

今天一大早起床,我对梅里雪山充满了期待,期待能够看到日照金山的画面。起床之后发现,理想和现实还是有很大差距的。天空下起了小雨,天灰蒙蒙的,梅里十三峰都躲藏到云朵里了,根本不想让我们看到它们的真面目。后来和其他的摄影爱好者聊天才知道,这种天气已经持续好几天了,他们为了拍日照金山,已经等了好几天了,也没有看到,也不知道后面还要等多少天。我们倒是没有这些摄影师的执着和疯狂,只是路过就足矣。

我们收拾好行李,准备出发。下一站,芒康,预计今晚到达左贡。

这个时候,小切开始耍脾气了,因为是化油器的车,到了高海拔地区,由于氧气不够,而且天气比较冷,根本打不着,就这样连续几次都打不着车。后来在一位老司机的指导下,先踩两脚油门,让油路有油,然后踩着离合打车,还真打着了。但我心里还是隐隐约约有些担心,小切接下来的路会不会有问题,毕竟是 1997 年的车,年纪有点大了,并且车况也不是很好。这几年开着这辆小切也去了不少地方,都是在广东附近玩耍,偶尔闹闹小脾气,也没有把我丢下过,虽然自己懂一点点修车的常识,但还是心里没底。

快要到达盐井的时候，路上遇到了泥石流，还好不是很厉害。下车查看了情况，估计只有半个轮子高的深度，并且流量相对稳定。经过再三确认，按照小切的动力和越野能力是可以冲过去的。确定之后，我选择好路线，加大油门，把好方向盘，一路向前冲。还好，泥石流过路面的宽度也就是 5 米左右，顺利通过之后，车轮由黑色变成了红色。到达"摄影天堂"盐井之后，我们在盐井的大门口拍了一张照片留念。因为要赶路，没有去拍摄古老的盐井，便继续出发了。

　　到了中午吃饭的时候，我们没有到餐厅吃饭，而是在一条小河的小桥边，停好车，把厨具和出门时带出来的香肠、腊肉拿出来准备做腊味饭。强哥负责拍照，我负责煮饭，洗好米之后就把腊肉和香肠都切好，一起放在锅里，打开汽油炉，就慢慢等饭熟了。

　　我们坐在河边，看着河水哗哗流过，经历一些困难之后，停下来，晒晒太阳，时间也在那一刻停滞了。当时在做什么、想什么，现在都不记得。只记得那天的阳光非常温暖，阳光温柔地照在我们的脸上，一切都是如此美好。

　　吃完午饭，强哥负责洗碗，我负责收拾厨具和餐具。

　　下午我们到达了芒康，芒康是滇藏线和川藏线的交会处，无论从昆明出发还是从成都出发的朋友，到了芒康之后都要合并，一起走上国门大道 318 国道。在上坡的时候，我们偶遇一支骑行的队伍。他们有几个人骑得比较快，走在了前面，离身后的大部队很远，因为后勤补给跟不上，他们已经没有水、没有吃的了，前面又是爬坡的路。他们非常吃力地推着车，看到我们过来的时候，忍不住问我们车上是否有吃的，实在是太饿了。我们翻遍了车上所有的食物，只有几瓶水和几个梨，就把这些都送给他们了。他们为了表达谢意，邀请我们两个和他们一起合影留念。

　　和他们道别之后，我们继续出发，然而到达东达山的时候已经快天黑了。我们决定今晚连夜翻越东达山，经过一夜的艰难行驶，到东达山的时候看到了满天的星光，山顶上都是积雪，庆幸的是，路上并没有雪，经历千辛万苦的我们终于到达了左贡。到达了左贡之后因为实在是太累了，我们找个地方睡下了。当时根本没有其他的想法，就想躺下来休息。

Day10

10月8日

左贡—然乌湖

宿：巴桑民宿

因为前一天经过泥石流路段，车轮都是红色的，下山后，看到一个地方可以用山泉水洗车，我们就开到那里停下来洗车了。就在我们洗完车正准备离开的时候，远处来了一辆铃木的"维特拉"越野车，一看车牌竟然是粤B打头，瞬间就觉得非常亲切。停下车一看，可把我们乐坏了，车上下来一个人，身材魁梧，有些胡须，戴着眼镜，头上戴着一顶黄色的帽子。越野圈称这个哥们儿叫徐总，70后，在政府单位工作了十几年，一直没有休假，他厌倦了那种固定的生活方式，决定辞职，给自己3个月的假期，什么事情也不安排，什么事情也不想，就是放空自己。

后来从聊天中得知，我们是同年同月，但不同日生，我10月2日出生，他10月9日出生，在路上偶遇同一个属相、年龄的哥们儿，真有缘啊。徐总是一位摄影师，是深圳"B21银盐社"摄影俱乐部的成员，他专门做黑白及反转片等胶片摄影，他的相机和滤镜片放满了一车。他一个人一辆车，车上有生活用品，有摄影器材，还有晾衣服的绳子，车就是他移动的家。他们俱乐部的摄影师都是大咖，每张作品都很珍贵的，但他们从来不把自己的照片做成商业产品，这就是摄影人的一份独特的坚持吧！

一路上，他一段走在我们前面，停下来拍照，然后我们又走到他的前面去了，彼此路过的时候打个招呼。在邦达的时候，我们一起在一家面店吃了中午饭。在面店我们还写下来我们的留言，当时那个面店墙上已经写满了字，我好不容易找到房间的一个角落写下来一段话，当时留下的话语是：

"家人，朋友，祝你们平安吉祥！飘逸 2012年10月8日。"

强哥当时留下的话语是：

"世路如今我也习惯，我心到处悠然。Tony Jeffrey 2012年10月8日。"

从那以后，我多次进藏，也偶尔经过邦达这个小镇，但都没有再进这个面馆，估计这家店也重新装修了吧，写在墙上的字也已经重新粉刷掉了吧，但刻在心底的那份记忆已成永恒。

当天我们翻过了业拉山，第一次白天经过这么高海拔的山，肯定要停车合影留念啊！我和强哥各种摆造型，照相，直到都满意了才不再拍了。山的另一面就是318国道上传说中的怒江72拐。当时的天气非常好，晴空万里，西藏的天特别蓝，我们离天空非常近，感觉伸手就可以碰到天了。在72拐的停车场停好车之后，我们就以72拐为背景，留下了难忘的记忆和照片。

下午开车下坡走72拐的时候，还是非常吓人的。这条路一直在下坡，没有很宽的地方可以停车，就是说，只要你开动，就必须一直开到山脚下才可以停车休息，中间没有地方可以停车。并且看到这样的山路，你也不敢停车，因为你可能很注意安全，但是别的车的状况你是不能把控的，只要路的上方有车出问题，可能会殃及下方路上的车，所以，谁也不敢半路停车。没有去西藏之前，也听说了很多关于72拐的传说，因为这里是长下坡，很多大卡车的刹车系统容易出现问题，这么多年来酿成很多交通事故，经过这里的司机都是手心出汗、脚底发麻的。

我小心翼翼开着车，虽然是柏油马路，但是弯道特别多，拐弯的时候要特别小心，控制好车速。慢慢沿着山路一直往下开，说是72拐，其实全部走完到山脚下，应该拐超过100个弯了。来到了山脚下开阔的地方终于可以松口气了，我们把车停稳，下车休息一下，喝口水，强哥抽支烟，再抬头看看我们刚才走过的路，真是蜿蜒曲折。暖暖的阳光照下来，我们心中充满了自豪，长长地舒一口气，平安到达真好！

晚上到达然乌湖，徐总在然乌湖镇住下了，我和强哥住在了朋友推荐的然乌湖旁边的一个小村庄，叫作瓦巴村。当晚，我们到达瓦巴村的时候已经很晚了，按照朋友给我们的提示，好不容易找到了一家民宿。

这家民宿的男主人叫巴桑，一个典型的藏族男人，黝黑的皮肤，典型的康巴汉子体形，健硕有力，眼睛炯炯有神，头发是典型的藏族装扮，长头发盘起来，头发的最末端是用红绳子扎起来的，盘在头上，很有藏族汉子的特色。他是村里第一个做民宿的家庭，也是村里唯一的一家民宿，后来才知道他还是村里的村长。

巴桑家的房子是典型的藏式结构，有一个院子，院子后面是一个二层的主楼，进院子的门楼也很讲究，上面绘了各式各样的图案，象征平安吉祥，在藏语中"平安吉祥"就是"扎西德勒"！

Day11
10月9日

然乌湖—拉萨

早上吃过早饭，准备开车出发，可惜打了半天都打不着火，可能是因为然乌湖的气温太低了，加之高原上氧气稀薄，怎么都打不着车。开始两天还觉得挺好玩的，每次打不着就把工具拿下来修车，自己修好了，打着了，可以出发了，还挺得意。但是今天已经是第四天早上打不着火了，当修车成为一种习惯的时候，一点都不好玩，开始有些厌烦了。没办法，只好让巴桑帮我们打电话到然乌湖镇上找人过来修车。等师傅过来的时候已经是 10 点多了，师傅换了火花塞，就可以打着火了。修好车可以出发的时候已经快 12 点了，我们也顾不得吃中午饭了，开上车，和巴桑一家道别后就出发了。

从巴桑家出来，开了一整个下午，于晚上 8 点钟到达林芝八一镇。找了个地方吃了晚饭，我提议说，我们还是找个修理厂附近住吧，万一明天早上还是打不着火的话，离修理厂也近，师傅修车也方便，这样我们也可以第二天早点出发去拉萨。我们在几个附近的修理厂旁边都没有找到住宿的地方，后来想到了我还有帐篷呢。于是我跑到一个大的修理厂门口，怯怯地问门卫，我们可不可以在他工厂的草坪上露营一个晚上，明天早上就走。结果门卫说不行，怎么说都不让住。没办法，我们只好出来。走在大街上，我突然灵机一动，和强哥说："不是担心明天早上打不着火吗？要不我们今天晚上就去拉萨算了，就不用担心明天早上打不着火的事情了。"

强哥也想了一下说："可以啊，那我们现在就出发吧，明天凌晨就可以到达拉萨了。"

事后我们回来反思的时候发现，这其实是一个馊主意，夜行山路导致强哥没有休息好，晚上车的密闭性还不好，没有暖风，经过米拉山的时候太冷了。强哥为了安全，让我全神贯注地开车，只顾着照顾我吃东西、喝水等事情，没有照顾好自己。结果强哥第二天早上到达拉萨就高反了，直接去医院打了点滴，导致也没有在拉萨游玩，后来就飞回九寨沟去了。所以，在此特别提醒进藏的朋友们，千万不要开夜车，一定要注意休息，做好保暖工作，只有好的身体才能抵抗高反和寒冷。在高原地区千万不要感冒发烧，因为高海拔的医生不知道你是感冒还是高反，安全起见都会让你撤回低海拔的地方去治疗，而且在高海拔地区的感冒和高

反都很难治好，严重者有可能把自己的性命都丢了，那就太不值得了。

我们购买了水和零食，开着车就出发了，一路上我们放着在丽江购买的碟，小倩的《遇见》，还记得这首歌的歌词是这样的：

就在这一瞬间

才发现

你就在我身边

就在这一瞬间

才发现

失去了你的容颜

什么都能忘记

只是你的脸

什么都能改变

请再让我看你一眼

就在这一瞬间

才发现

你就在我身边

就在这一瞬间

才发现

失去了你的容颜

什么都能忘记

只是你的脸

什么都能改变

请再让我看你一眼

什么都能忘记

只是你的脸

什么都能改变

请再让我看你一眼

就这样，反复听着这首歌，一遍遍重复播放，一遍遍跟着唱，整个晚上都在学唱这首歌。八年后的我，在家里打开电脑写下这段文字，回想八年前的那个夜晚，所有的情景都历历在目，歌声依旧，不同的只有空气中的含氧量吧，比起当时的艰辛，还多了一份会心的微笑。

我们不断地喝水，不断地吃东西，一直打起精神来开车，因为强哥开不了手动挡的小切，所以一整晚只有我自己开车。翻山越岭，我们一路披荆斩棘，终于在早上7：00到达了心驰神往的拉萨。

到了拉萨，第一件事情，就是赶紧找酒店住下，我和强哥简单洗漱一下就睡下了。

Day12
10 月 10 日

拉萨一日游

  醒来的时候已经是 14：00 了，我下楼去吃了一点东西，然后去了布达拉宫广场。在布达拉宫广场拍照的时候，我偶遇了这段游记的另一位主人公，她就是申思圆，一个大学生。我一个人在布达拉宫拍照，她也是一个人在布达拉宫广场门口拍照，她想给自己拍张照片留念，刚好看到我经过，就叫我帮她拍张照片。我很乐意帮她，因为我也要找人帮我拍张和布达拉宫的合影。拍完照，我们简单寒暄了几句。她来拉萨的理由让我眼前一亮，太有意思了。原来她是临时决定来拉萨的，本来国庆节要去黄山，买机票的时候一看，去拉萨的机票好便宜啊，就买了去拉萨的机票，然后就来到了拉萨，来到了布达拉宫。这才是真正的说走就走的旅行啊。后来她问我，接下来准备去哪里。我说准备去珠峰大本营。她说她也没有去过。我说，要不就一起去吧。她说她没有带那么多厚的衣服。我说，正好我带了很多厚衣服，可以给她穿。她后来就答应了和我们一起去珠峰大本营。

  简单的交流之后我们相互留下电话就离开了。我随着布达拉宫转经的人绕布达拉宫转了一圈。这也成为我后来每次到拉萨必做的一件事情。布达拉宫转经的时候一定要记得带身份证，在拉萨街头，查身份证是常事，经过广场和布达拉宫更需要刷身份证才能通行。

从布达拉宫出来后，我就去了八廓街，沿着顺时针方向一路走。在一家卖皮草的摊位前我停下了脚步，拿起相机偷拍了摊位后的一位美女。她看见我拍她，便说不可以，她是回族女孩，平时不可以让人家拍照的。我赶紧道歉，并把照片给她看，她看到照片里的自己非常漂亮，便少了一分责怪。我正好要买些礼物带回去，她卖的皮草也很不错，我就和她说，要不我买些东西，照片就不用删除了。她赶紧说，可以啊，如果我买东西，照片就不用删除了。就这样，我把这张照片保留下来了。我买了护腰的皮草，还有护膝的皮草，一共买了好几样东西。那个姑娘就满意地让我带着照片离开了。再回头一看，还有一个小男孩也在她身边，原来是她的孩子，在回头的一瞬间，我给他们拍了一张照片留念。在此也提醒所有的摄影爱好者，在给陌生人拍照的时候，最好先征得人家同意。如果确实需要抢拍，请拍完之后给当事人看，在得到对方认可的情况下才可以保留照片。如果当事人反对保留他们的照片，也请当着他们的面删除掉，这是对对方的尊重！人和人之间都是需要尊重的。

到了一家书店门口，我进去看了一会儿，大部分是旅行的书，也有当下的畅销书，我挑了几本。偶然听到他们书店放的 CD 非常好听，就问老板是否可以把这张碟卖给我。他说就这一张了，不肯卖。我和老板软磨硬泡了半天，他终于肯让给我了，卖我 30 元。虽然比市场价贵不少，但我觉得非常值得，也非常开心，后来这张碟片伴随我走过无数个孤独的开车夜晚。

从书店出来，我信步来到了"玛吉阿米"餐厅。这个玛吉阿米餐厅可是八廓街里必须打卡的地方，全世界来拉萨的人都会到这里坐坐，喝点东西，吃点东西。

传说大约在几百年前的某个星月之下，坐落在古城拉萨八廓街东南角的一幢藏式酒馆里，来了一位神秘人。他看似普通，却是一个不寻常的人。恰巧这时一位月亮般纯美的少女也不期而至，她那美丽的容颜和神情深深地印在了这位神秘人的心里和梦里。从此，他常常光顾这家酒馆，期待着与这位月亮少女重逢。遗憾的是，这位月亮少女再也没有出现过。那位神秘人物为追忆月亮少女而写下了这首脍炙人口的诗：

在那东方高高的山尖，
每当升起那明月皎颜，
玛吉阿米醉人的笑脸，
会冉冉浮现在我心田。

还有一首写给玛吉阿米的情诗：

曾虑多情损梵行，
入山又恐别倾城。
世间安得双全法，
不负如来不负卿。

玛吉阿米，坐落在拉萨市八廓街的东南角，是以西藏风味为主的餐厅，在北京和昆明有分店。餐厅带有浓郁的藏式风格，二楼吧台旁有藏族歌手表演节目，客人以外国游客居多，价格较贵。

餐厅有着浓郁的藏族风情，茶几上有很多留言簿，写满世界各地旅游者的感受。有些游客甚至在留言簿用完后，将向情人的告白写在餐巾纸上夹于其中，餐厅还曾将留言结集出版。

玛吉阿米楼顶的平台是俯瞰八廓街的绝佳地点，八廓东街和八廓南街一览无余。

玛吉阿米，藏语中即"未嫁姑娘"之意。玛吉阿米这个名字，出自仓央嘉措的情诗，相传是仓央嘉措情人的名字。而当年仓央嘉措与玛吉阿米幽会的地方，正是玛吉阿米酒馆所在的这座土黄色小楼。

上到玛吉阿米的三楼，正好有一个靠窗的位置，我就靠着窗户坐下来，点了一壶甜奶茶。我环顾了一圈，所有人都很悠闲地坐着，吃着美食，有三五成群聊着天的，也有一个人坐着的。在角落那边还有一个女人独自抽着烟，看着书，很唯美的画面。这个餐吧是典型的西藏风格，凳子、椅子、房屋的结构和雕刻，处处都散发着藏族同胞的智慧和藏传佛教的文化气息。玛吉阿米还有一个很别致的特色，在餐厅中间的一个书架上放了很多草纸装订的册子，不是书，而是来自世界各地游客朋友的感悟和留言，不拘泥于语言，也不拘泥于格式，可以是中文、英文、藏文，可以是文章、短句，也可以是图画和祝福，都可以写下来。如果不想写，也可以看看人家的留言。留言的人和阅读的人都不认识彼此，反而能让人在这个册子上真情流露，写下很多真实的情感和祝福的话语。

我顺手拿起一本来看，看到大部分人写的是进藏的心路历程，也有祝福的话，也有向心爱之人的表白，不一而足。我看完也在这本册子上写下了我的祝福和寄语：

西藏，太美了，
玛吉阿米，我来了，我停留在这一刻，
你爱，或者不爱，
山都在那里，

> 不远不近，
>
> 你来，或者不来，
>
> 我都在这里，
>
> 不悲不喜！

飘逸

2012 年 10 月 10 日

就这样，我写下自己的感悟和心境，看着大家的留言。不知不觉，对面来了一对客人，我们简单聊了几句，不是很投机，便没再继续，各自只是静静看书。快到晚上的时候，我给强哥打了一个电话，问他是否起床，他告诉我他去打点滴了，因为高原反应比较严重，医生建议他回到低海拔的地方比较好，所以他订好了明天回九寨沟的机票。因为身体状况，我也不好强留，就叫强哥过来一起吃饭，他让我在玛吉阿米餐厅等他。所以这个下午，我就在这个餐厅的一角，低头看书，抬头看花，窗台的黄花，格外美，一只小猫在这片花丛中穿梭。

看书看累了，就抬头看看八廓街上行色匆匆的人，多是来自世界各地的游客。还有转经和磕长头的藏民，他们三步一拜地绕着八廓街朝拜着。他们先是双手举过头顶合十，然后在胸前合十，接着身体向前扑倒，双手举过头顶合十，再到身体两侧，然后起来，再走三步，第三步的时候又开始了下一个朝拜，就这样周而复始地朝拜着。

我就这样，闲坐在拉萨八廓街的玛吉阿米餐厅，对面的客人来了又走，来了又走，我只是偶尔寒暄了几句，没有留下深刻印象。后来来了三个人，一个温州男孩和两个女孩，其中一个还是江西的老乡，他们一起拼桌。后来强哥也来了，我们五个人一起点了菜和主食，也点了酥油茶、甜奶茶，一起愉快地吃着晚餐。晚餐聊了什么也不记得了，只记得当晚有一个菜名字叫"拉萨美女"，是一串串竖着插在盘子上的牦牛肉，周围一圈插着辣椒、蔬菜的串串，中间有一小块酒精，点着酒精，大家就可以把已经熟了的牛肉和蔬菜在酒精上热着吃，味道还不错，主要是因为这个菜的名字非常特别，所以我们这些人才记住。后来我去了玛吉阿米，还想点这个菜，服务员告诉我已经没有这个菜了，"拉萨美女"这道菜已经成为过去式。

因为强哥要回九寨沟，我得一个人一辆车去珠峰大本营，但高海拔对于小切确实是一个很大的考验，我真的害怕它在珠峰大本营打不着火啊。而且一个人长期开车也是很让人担忧的事，强哥也是这么说。我们同时想到了路上偶遇的徐总，那个戴着很特别的户外帽子玩摄影的哥们儿。我们当时就打电话给他了，他因为拍照的事情，去了巴松措，所以比我们晚一点到拉萨，但是今天晚上会到。我把情况和他说明了，他很高兴地答应了，让我和他拼车去珠峰大本营。吃完晚饭，强哥因为身体还不是很舒服，想早点回去休息，就先回酒店了。当晚，徐总也到达了拉萨，他兴致很高，约我去布达拉宫一起看夜景，我也和徐总在布达拉宫合影留念。

Day13-15

10月11日至13日

拉萨—日喀则

宿：定日县珠峰宾馆

  今天早上，强哥去机场，我执意要送，他却不肯，坚持自己一个人去，他不想耽误我们的行程。早上申思圆打来电话，愿意和我们一起去珠峰大本营游玩。徐总也同意了这个大学生和我们一起去。早上我吃过早餐就接上他们两个一起出发了。

  第一站，我们到达了羊湖（羊卓雍措的简称）。我们一辆车，三个人，一路蜿蜒曲折而上。当我站在山巅，突然发现，人世间竟然有这么美的景色，在蓝天白云之下，羊湖在山脚蜿蜒曲折，水非常蓝，天空也非常蓝，远处是雪山，阳光洒在湖面上，波光粼粼。我们非常兴奋地拍照，第一次看到羊湖的时候我热泪盈眶，被美丽的风景感动了，那种让人窒息的美。当时在羊湖垭口的位置还有付费与藏契合照的项目，一人拍一次照片20元。我和申思圆分别拍了照，老板给了优惠，两人只收了20元。徐总一个人在路边架起相机，他的相机是很复杂的那种，要先支好三脚架，架好相机，再测光，测风速，调好相机，然后钻到一块布下面，手按快门，按一下就是一张照片。他不求多，只求精致。我用单反已经拍了好多张了，但估计一张都没有他拍得好。后来他也让我体验拍了一张，他的相机是倒过来成像的，手动快门。他开玩笑说："你这一按的费用可不少啊！"吓我一跳！

  后来我们开车到了羊湖湖边，徐总是只有自己开车才不会晕车的人，只要不是他开车，坐哪个位置他都会晕车。我一路又很想开车，他就是不让我开。到了羊湖，我才好不容易坐到驾驶座，在湖边开了一小段路。那个感觉真好，没有车开真难受啊。在羊湖边上，我开着徐总的维特拉飞跑起来，扬起一路尘土，还顺便摆拍了几张，终于解了一下开车的馋了。

  到了日喀则，我们去了扎什伦布寺游玩。徐总非常喜欢拍寺庙，他想拍遍中国的寺庙，而且在一座寺庙里面可以拍一天。他先开车过去，我和申思圆在后面走过去。我俩随着人流就进到了寺庙，拍了一些照片就出来到广场上和藏族的伙伴们一起玩，并在外面等徐总。徐总出来后，问我们买门票花了多少钱，我俩愕然道："要买门票吗？我们就是顺着人流走进去的哦，没有人要我们买票啊。"徐总听到，一脸错愕，说："你们不用买票啊？我花了100元买票呢。"我们两个相视一笑，原来我俩一不小心逃票了啊，还是说我俩长得比较像藏民，免了我们的门票，哈哈哈！

  因为申思圆是临时决定去珠峰大本营的，没有办理边防证，我们听说日喀则可以办理，就赶紧跑到日喀则的办证中心。可惜到达的时候已经下班了，工作人员告诉我们，明天周六，有工作人员值班，也可以办理。我们总算松了一口气，期待明天是个好日子。事实不是我们预料的那样。第二天一大早，我们去办理边防证，结果值班人员在家里有事情要处理，来不了。我们那个郁闷啊，也没有办法，只好继续往前走吧，到了珠峰检查站再说。能通过，就去大本营玩，不能通过，申思圆就在当地等我们，事已至此，也只有这样了。

在此提醒大家，如果要去边境，请提前到您户口所在地的公安分局去办理边防证，2018年我环驾中国的时候，出发前就去办理了七张边防证，包含中国境内的所有的边境地区。

当天下午，我们就出发了，从日喀则到了定日，中间经过检查站都需要登记，并且是要拿限速条的。限速条就是从A点到B点，公里数是30公里，限速30公里每小时，那么你到达B点的时间就不能早于1个小时，提前到达了就算超速，超过1个小时到达就没问题。限速条这个管理方式在西藏持续了很多年，到2018年以后就没有了，都是电子测速了，不再需要人工发放限速条。我们拿到限速条之后也是先计算一下公里数，按现在的时间出发计算出到达的时间是几点几分，如果还没有到达这个时间，我们就在下一站前面3公里的地方把车停靠在路边，休息、吃东西，等到了时间，再把车开过去盖章，再继续下一段限速。我们一路上很小心翼翼地开着，然而还是出漏子了。我们中午着急赶路，直到一个关卡问我们要限速条，一看，中间有个地方没有盖章，离上一个目的地盖章的地方是100公里。我们赶紧解释，一路上走来都没有人拦我们，没有让我们盖章啊。工作人员很不耐烦，不理我了，只说："你站在那里看，看看人家的车过来有没有人盖章。"

一听这话，我们无话可说了，工作人员告诉我们，要么你们回去盖章再回来，要么就罚款2000元，要么就等2个小时再走。我们想了想，因为驾驶证和行驶证都被扣押了，罚款有点冤，也不舍得钱啊，跑回去也是2个小时，还要油费，最合适的选择就是等2个小时再走了。我们就把车停在公路边上，坐在车里准备等2个小时。

刚开始等待的时候，我们就在车上吃东西，反正开车也累了，那就好好休息一下吧，吃东西大概吃了半个小时。后来，我就拿了些水果和其他吃的，还有预防高原反应的西洋参含片过去送给兵哥哥，他们都很客气地拒绝了，但我还是把东西放在桌子上就跑了。

等到再次上路，我们经过了318国道5000公里纪念碑，我们在纪念碑前面合影，和5000公里里程碑也合影留念了，当时我还在公路5000公里里程碑的侧面为我太太写下了一段话。不好意思，当了一回不文明的游客，在里程碑上乱涂乱画了。

中午我们经过一个村庄，因为一路上想吃羊肉没有吃上，我们就停下车来和一个牧羊人商量，能不能抓一只羊来吃。他和我们说，现杀的羊是没有的，但是家里有之前杀好的羊要不要吃。只要有羊吃，我们就同意了。我们随着牧民来到他的家里，这个村庄非常小，只有几户人家。这个牧民家里的房子非常简陋，一楼是羊圈、牛圈，二楼是住人的。

房子比较低矮，我们进去之后就在他家里坐下来，一坐下来，灰尘就飞起来了。当时是吃羊心切，也顾不了那么多了。牧羊人把他的羊拿出来，是一只冻得硬邦邦的羊。他又拿出锯子和刀，我和徐总两个又是锯、又是砍的，好不容易才弄了几块羊排和羊肉下来。申思圆就一直乐呵呵地在旁边帮我们拍照，把这些珍贵的瞬间都记录了下来。

弄好了羊肉，主人就开始生火。因为当地海拔比较高，没有树木，只有草，牧民家里生火的材料就是牛粪和羊粪了。每家每户的院子围墙上都一块一块地沾着牛粪饼，等这些牛粪干了，就拿到炉子里去烧。

藏民的炉子非常科学，下面是放牛粪羊粪的燃料，用一个铁皮做成了炉子，上面平整的一块有两个口，一个是煮饭的口，一个是烧水的口，并且他们炉子里的火都是长期燃着的。当地藏民还有一个非常科学的烧开水方法，就是做一个可以反射太阳光的太阳板，做成一个卫星接收器的圆形形状，在圆形的中心架一个支架，然后把水壶放在上面，当太阳光照射下来，就形成反射的光，反射的光刚好照在烧水的水壶上面，就这样，利用太阳能的热能把这壶水烧开了。理论上是这样，但事实上我也没有亲眼看见藏民从头至尾把一壶水烧开的。在藏区，水的沸点也比较低，在80摄氏度左右就开了，所以如果没有高压锅的话，煮出来的米饭是没有熟的，有些夹生的。

牧民处理好了羊肉，就在一个锅里放了一些水，把羊肉放到锅里，然后就去抓牛粪生火了。大约等

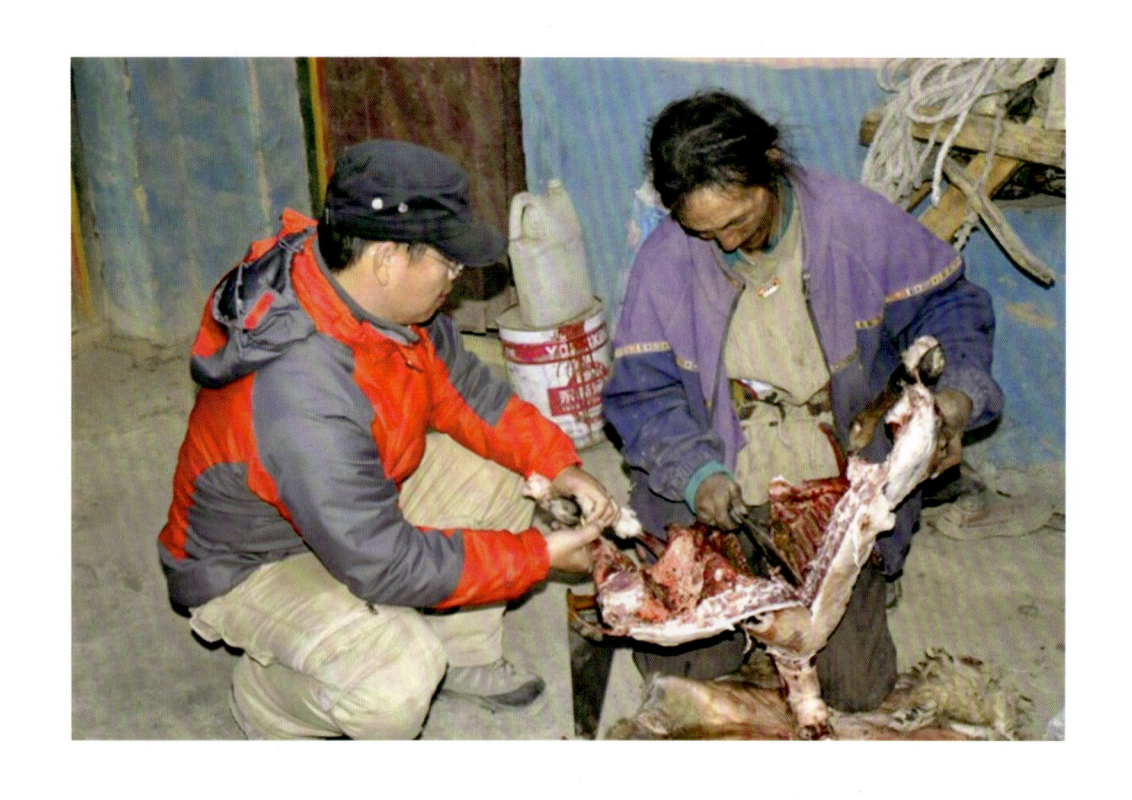

了 40 分钟之后，羊肉终于煮好了，牧民在羊肉里面放了一些盐巴，然后搅拌几下就可以吃了。我们也实在是饿了，和徐总抓起羊肉就大口大口地吃起来。我们叫牧民自己也吃点，他也非常开心地吃起来了。羊肉那个香啊，至今想起来都还会流口水，因为藏区的羊喝的水是雪山的水，吃的草是高海拔无污染的草，所以肉质细腻鲜甜。我们大口大口吃羊肉，开心之余也不忘来一张合影纪念这个美妙的时刻。羊肉看着不多，但是吃了几口之后，立马觉得很饱了，并且羊肉是原汁原味的，咬一口都流油的那种，非常鲜嫩。我们大概吃了一大块羊排的一大半，就有些吃不动了，又没有其他的佐料和配菜，开始有些腻了。我还放了一小块羊排在炉子旁边烧烤，随着温度升高，羊肉里面的油流出来，在炉子上冒着烟，我赶紧拿起来吃。因为把里面的油烤出来了，羊排非常好吃、非常香！

吃完羊肉，我们按照人头给了牧民 600 元钱。牧民非常开心，把我们送到村口，并且把锅里没有吃完的羊肉也叫我们打包带走。我们就挑了一块方方正正的羊排带走了，其他的都留在了锅里。吃了这顿羊肉，我们已经非常知足了。事实证明我们不带走那些锅里的肉也是对的，因为带走的那块羊排我们直到接下来回拉萨都没吃，想起羊肉的油腻就不想吃了，最后还是浪费了。并且接下来回深圳的一个月里我也不想吃羊肉了，因为一路上都吃了不少，所以回来之后就没有要吃羊肉的想法了。

当晚我们在天黑之前开车到达了定日县的白坝，在白坝的珠峰宾馆住下了。因为申思圆的边防证还没有落实，所以我们登记入住的时候，就和珠峰宾馆的老板问了问情况。老板非常热情，叫我们把申思圆的姓名和身份证号码给他，他看看能不能帮我们想办法。过了一个小时之后，珠峰宾馆的老板就告诉我们可以了，明天早上到了边境检查站的时候就和边境检查的兵哥哥说已经登记过了，让他们查询一下就可以通过了。我们办证经历了两天都没有办下来，本来已经不抱希望了，结果这么顺利就办理好了，申思圆高兴得跳了起来。

Day16-18

10 月 14 日至 16 日

珠峰大本营—拉萨
宿：珠峰大本营帐篷

  2012 年 10 月 14 日，我们早上 5 点多就出发了。先是经过了边检站，兵哥哥查完我和徐总的证件，然后问申思圆的边防证，我们就和他说明了情况，让他帮我们查询一下，看看是否已经登记过了。兵哥哥查询确认后就让我们通行了，真是太高兴了，悬在心里的那块石头终于可以落下了。我们购买了门票，一路上开着搓衣板一样的路，颠簸着走了五六个小时，终于在中午时分到达了日思夜想的珠峰大本营脚下绒布寺。绒布寺就是电影《2012》里那个最后快被海水淹没的世界上最高的寺庙，有个喇嘛在静静地看着海水涌过来。我们到了绒布寺也是中午了，午饭包括白菜、木耳、排骨，在这么艰苦的环境下还有这些菜吃，已经是一件非常幸福的事情了。我因为饿了，急急吃了几口饭菜，突然发现喘不过气来了，吓了我一跳，赶紧放慢速度，原来吃饭吃太快了也是会高反的，这里的海拔已经是 5100 米了。后来才知道，这些饭菜和淡水，都是当地村民用摩托车每天从下面的村庄拉上来供应给这些酒店和珠峰大本营的帐篷的。真是非常感谢付出辛勤劳动的藏族同胞们，正是有了他们的辛勤付出，才有我们这些旅友的梦想追逐。

  下午，我们几个人在原来的珠峰大本营买票后，坐中巴到了海拔 5200 米处的纪念碑，从珠峰大本营到纪念碑还有 7 公里。到了纪念碑前面，大家都合影留念。纪念碑的正前方有个小山头，左边是中国边境管理驻扎部队，有边境官兵荷枪实弹把守。我们上去之前，边防警察要检查我们的证件，并且要检查我们的旗帜，所有旗帜一律不可以带上山去，由官兵暂行保管，等下来的时候再还给你。看似很矮的小山坡，也就是垂直距离估计都不到 100 米高，但我们上这个小山坡都花了半个小时以上吧。因为 5200 米以上的海拔每走一步都很吃力，每走一步都是喘着粗气的，走几步还要停下来休息一下，就这样走走停停，我们花了半个多小时才到山顶。山顶上挂满了经幡，是当地藏民用来祈福的一种方式，只要在藏区的山顶的垭口，都会挂满经幡的。这也是当地人的一种习俗。对于经幡要敬重，穿过经幡要掀起来从经幡下面过去，不可以把经幡压在胯下或踩过去，那是对当地人的一种不尊重。因为在藏民的心中，经幡是非常神圣的！

  我们在那个小山坡上，可以仰望珠穆朗玛峰这座神山，海拔 8848 米，她就像是世界的母亲一样，伸开双手，将世界这个孩子拥在怀中。当天天气非常好，我们能够清晰看见珠峰的全景。她是如此慈祥地看着我们，在她的头顶有一簇祥云，随风翩翩起舞。

  我们在她面前欢笑，在她面前跳跃，我们以各种我们喜欢的方式庆祝这一刻的开心快乐，我们三个人都换着不同的角度来拍着合影，但无论我们如何开心、拍照，她都静静地看着我们，纹丝不动！我原来无法体会那句话："你来，或者不来，山就在那里，不增不减！"此时此刻，我静静地看着她，慢慢体会到了这句话的含义。

  几年以后，到了 2015 年，有另外一名自驾游爱好者也来到了珠峰大本营，她许下的承诺就不一样了，她期待有一天能够站在珠峰的山顶——8848米高的山顶来看一看这个世界。后来，2019年5月，她终于实现了她心中的愿望，成功登顶珠峰8848米顶峰，并且安全下撤回到营地，平安回到深圳。在深圳的咖啡厅里云淡风轻地和我们分享她登珠峰的故事，那时的她如珠峰一样自信、美丽，微笑着看着我们这些粉丝。她就是杨涛，网名：枫叶如丹！

从山上下来，我打了电话给我生命中最重要的两个女人，一个是我妈妈，一个是我太太，我向她们表达了我的喜悦之情，并向她们报了平安。她们也为我感到高兴，热烈祝贺我们到达了世界最高峰的脚下，有机会瞻仰珠峰的真容。

回到珠峰大本营，我找了一个帐篷住下，帐篷的主人是一个18岁的姑娘仁增，脸红扑扑的。她很勤劳，为我们煮酥油茶喝，为我们做饭吃。这个淳朴的小姑娘，后来我每次去珠峰大本营都会去看望她，她也一直记得我，会很热情地倒酥油茶给我们喝。2019年，我那次正准备离开的时候，又看见了仁增，她还是那样淳朴可爱，还是一个典型的藏族姑娘的装扮，眼神中多了一份成熟和自信。我一眼就认出她来了，还叫出了她的名字，她也热情地叫我哥哥。我和她聊了几句就离开了，从她口中得知，她已经是两个孩子的妈妈了，五年的时间，从一个小姑娘变成一个成熟的妈妈，真为她高兴。这些年，正是通过自己的勤劳和朴实，她们的生活正在改善，日子也一天天好起来，从这些人的细微改变就能看出来，祝愿她们的生活越来越好。

开始的时候就我一个人住她的帐篷，珠峰大本营像这样的藏民帐篷大约有几十顶，都是藏民自己搭建好的，里面有围成四方的8个床位，也就是说一个帐篷里面可以住8个人。当时的床位费是80元一个人，被褥齐全。当时准备住的时候，徐总和申思圆就有意见，不想住这里，认为太简陋了，他们想回到绒布寺，去我们中午吃饭的地方住，那里是有土墙的房间，保暖各方面的条件会好很多，事实证明他们也是对的。我后来2016年、2019年都住在绒布寺的客栈，条件确实是比大本营好很多，最起码是保温的。特别是2019年住的那个晚上，还有电热毯，真舒服啊！但2012年那会儿，我们三个商量决定，我留下来在珠峰大本营住一晚（我更想体验这种原生态的生活），他们两个到绒布寺去住客栈。约定好第二天早上，徐总开车接我下去。商议完他们就回去了。

大约到了晚上8点左右，来了另外5个人，他们是东莞和湖北一个地方的老师，我已经忘记了他们的名字。那时天还没有黑，东莞的小姑娘特别喜欢拍照，硬是叫我去给她拍照，我就到大本营的广场上去，给她拍了好几张。我们几个人一起拼桌吃晚饭，大家吃完饭就在一起聊天，湖北的老师因为高反比较严重，在睡觉前吸了一些氧气。她和我是头对着头睡的，因为我们的两个铺位是挨着的，我们怕晚上冷，特意每人都在房费之外还多给了仁增60元烧炉子的钱，想确保炉子的火能够一直烧着，这样就不会冷了。到了夜里11:00，我们大家都熄灯睡觉了，仁增还在为我们烧炉子，她的床位是在帐篷外面的另一个独立的小房子。我当时带了两个红色的睡袋，先自己钻进睡袋里面躺好，然后仁增又给我盖了两床被子，我头上围了头巾，还戴了一顶户外的帽子，以为这样就可以安心睡大觉了。结果是我想多了，等到的经历告诉我，没有做好准备是很惨的。半夜12点以后，仁增看我们都睡着了，她自己也困了，就在炉子里添了一些牛粪去睡觉了。后来炉子里的牛粪烧完，炉子的温暖没有了，我们的床位是挨着帐篷边上的牦牛毡摆的，晚上外面的温度是零下20多摄氏度，开始不觉得冷，慢慢觉得就像是枕头边放了一大块冰块一样，冷得头皮发麻，冻得生疼。身上倒还有些热，因为有睡袋和两床厚被子盖着，就是头特别疼，因为地处高海拔，5200米的高度，有些高反的症状，后脑勺特别疼，昏昏沉沉根本睡不着。睡一小会儿又醒了，一看手机，凌晨1:00，就这样，昏昏沉沉睡一会儿，醒来，2:00、3:00、4:00、5:00，几乎是隔一个小时就醒了，然后看看时间。头还是特别疼，实在是疼得受不了了，便赶紧把旁边的冲锋衣拿过来把头包住，只剩下鼻孔可以出气，这样就好多了，然后继续昏昏沉沉地睡了。隔壁湖北的老师，一晚上都在不停地吸氧气，估计也没有睡着。我最后一次看手机是6:30了，我实在不想睡觉了，就起来看日出吧。这一夜至今难忘啊。

在这里提醒大家，不管是露营还是酒店住宿，在高海拔寒冷地区，一定要用厚的帽子或者衣服把自己的头部包裹起来，一定要保暖，因为这关系着你能否睡个好觉，能否完成西藏旅行，能否开心地拍照和游玩。如果你感冒了，或者高反严重了，后面的事情都是奢望。

早上，我们起来拍日出，珠峰的日出非常美，刚有一点点阳光照在珠峰的山尖，就要开始传说中的日照金山了。山顶的阳光越来越多，整个珠峰逐渐变成金色。珠峰的山顶上还有一片云在飘动，时而随风起舞，时而在山顶盘旋，真是变化莫测、变化无穷啊！拍了几张照片之后，我就回到帐篷里吃早餐，收拾行李。

收拾睡袋的时候，仁增看到我有两个红色的睡袋，怯生生地问我："哥哥，可以给我一个睡袋不？"我说不可以，因为我后面回深圳，沿途说不准还要露营用睡袋呢。她还是不走，就在旁边看着我，眼睛还是舍不得离开那个红色的睡袋，然后又补充了一句，"哥哥，能给我一个睡袋吗？你有两个呢，给我一个好不，我拿东西跟你换吧。"我还是没有同意，收拾完东西，付给她住宿和早餐的费用，便准备离开。徐总说好了今天早上开车来接我，我要早一点儿到门口等他。我拿起行李，转身出了帐篷，仁增也跟着出了帐篷，帮我拿着行李走了出来，看到她那么懂事，一个人经营这个帐篷也很不容易。我停下脚步，把一个睡袋递到她跟前，说："哥哥送你一个睡袋吧！"她高兴坏了，转身进屋里把她在珠峰卖的那些首饰、纪念品选了几个拿出来让我挑选，她以为我同意跟她换东西了。我说："不用了，你留着卖吧，这个睡袋是哥哥看你非常勤劳善良送给你的！"她非常开心地和我道别，看着我一步步走远。我和她挥挥手，让她回去，并在心里祝愿这个可爱淳朴的小姑娘一生幸福平安！

到了停车场出口没等多久，徐总就开着车来了。我看到他冻得够呛的样子真不好意思，就问他怎么回事。他说："早上起来吃完早餐，开车来接你，结果车玻璃上面全是冰块，根本弄不掉，一时也融化不了，坐在车里也看不清路，只好把头伸出来开车了。"真是太感谢徐总了，为朋友能如此付出。

回到绒布寺，我们三个人一起买门票去参观了这座全世界最高的寺庙。绒布寺（也称龙布寺）全称"拉堆查绒布冬阿曲林寺"，属藏传佛教宁玛派寺庙。位于西藏自治区日喀则市定日县巴松乡南面，珠穆朗玛峰下绒布沟东西侧的"卓玛"（度母）山顶，距县驻地90公里，海拔约5100米，地势高峻寒冷，是世界上海拔最高的寺庙，所以景观绝妙。

绒布寺始建于1899年，由宁玛派喇嘛阿旺丹增罗布创建，位于珠峰北麓的绒布冰川末端。寺院分新旧两处，旧寺位于新寺以南3公里处，靠近珠穆朗玛峰，尚存莲花生大士当年的修行洞，以及印有莲花生手足印的石头和石塔等。绒布寺距珠峰顶约20公里，所以这里已成为从北坡攀登珠峰的大本营。从这儿向南眺望，是观赏、拍摄珠峰的绝佳地点。围绕绒布寺有一条转经道。大殿前是一座雕梁画栋的戏台，每逢重要节日，当地的群众都会到这里看喇嘛演戏。门外的玛尼石堆通常会被摄影人作为拍摄珠峰的前景。

从珠峰回来，我们三个人连续赶了两天路，回到了拉萨，非常感谢徐总让我们两个人搭他的车去珠峰。本来我们说好了，这一路的油费、路费、饭费、住宿和门票费都是AA的，因为珠峰的搓衣板路太难走了，徐总的车有一条避震都颠坏了，我和申思圆都说要一起分摊修理费，但是徐总看我们两个都不容易，很客气地说："不用了，我自己去修就好了。"并开玩笑说："你们赶紧下车吧，这几天都被你们两个吵死了，哈哈哈！"非常感谢徐总能够大度地让我们搭车去珠峰，还不让我们承担维修费用，在此非常感谢他。我也因为徐总不开车会晕车，所以压根儿就没有开。我也是很想开车的，也想亲自开车走一走去珠峰的路，所以离开的时候，开玩笑地说："这几天可把我憋坏了，说不定我自己会再开车去一趟珠峰呢！"我当时想以后肯定还会来珠峰的，也不着急这次，另外也担心小切在珠峰真打不着火。就这样我们三个人在拉萨分开，徐总还想继续留在拉萨多拍些照片，申思圆也在拉萨休息一下就回去了，我也要回家了，因为已经出来十几天了，就决定从山南走一圈，从318国道去成都，再回深圳。

Day19

10月17日

拉萨—加查

宿：加查县城

    2012年10月17日，我开上小切，离开拉萨，继续出发，一路向南，回家。我一路沿着雅鲁藏布江往山南方向驾驶。一个人安静，挺好，一路开车，走走停停，最主要是方向盘握在自己手上，想开就开，想停就停，沿途看到喜欢的风景就停下来拍照。

    沿途经过一段路，山上已经沙化很严重了，变成了一座座小沙丘。经过一个村庄，看到对面的山路上有一支很小的队伍在挪动，用相机拉近一看，原来是一个马帮在对面的山路上行走，仔细数了数，有15匹马，马背上都驮满了东西。因为对面的山路很窄，估计上面的村庄没有办法通车，需要从外面运送一些物资上去，这时候，马帮就起了很大作用。后来的西藏纪录片中也看到了，西藏的很多电线和通信设备都是马帮运送上山的。

    15:00左右我开始上山，今天要翻越布丹拉山，海拔5088.9米，沿路一直上山。在半山腰我偶遇一辆北京车牌的长城越野车，车上有四个摄影爱好者，年龄都是60岁以上，都拿着长焦相机。因为我之前在北京读大学，所以对北京车牌很有好感。北京相当于我的第三故乡了，原来还是排在第二故乡的，现在因为在深圳超过20年了，在北京只是待了5年，所以北京排在了第三。他们这辆车的路线和我要去的地方一样，所以就停下来休息，聊了几句，他们看我一个人开车比较快，就说："小伙子，你开车快，先走，到了县城找个住宿的地方吧，如果有房间的话也帮我们预留两间，谢谢啊！"我答应下来，开着

小切一溜烟儿走了，我到布丹拉山山顶的时候，看见那辆长城还在半山腰盘旋而上，一个是因为他们年纪大了，开车比较慢，另一个是他们经常停下车来拍照，进度自然要比我慢了。这条路当时在修，已经过了雨季，路上厚厚的灰尘，特别是大车错车的时候，对面的车带起来的灰尘，扬起来都是灰白的一片，根本看不见路。我只好停下来等大车先过去。我的小切是化油器的车，对空气过滤的要求比较高，大车一过，全是灰尘，我就特别担心小切会"罢工"。

有时候，害怕什么就发生什么，到了山顶，我刚拍完照片，没有走出多远，对面来了两辆大卡车，它们扬起的灰尘足够把我淹没了。等那两辆车过去之后，我的小切就被"呛"得不能"呼吸"，直接熄火了。幸好我之前也学习了一些简单的修车原理，我赶紧下车，把修车扳手拿出来，拧开进气口的锅盖的螺丝，把空气滤清器的滤芯拿出来使劲拍打，原本布满灰尘的滤芯慢慢看到了原本的黄色，正当我准备把它装回去的时候，对面又来了一部大车，我一看着急了，赶紧对着大车使劲摆手，叫他不要过来。他要是过来，小切的空气滤清器的锅盖是开着的，如果被灰尘全部灌满，估计我今晚就得在山上过夜了。事关重大啊，我拼命地挥手，摆手，让对面的大卡车先停下。庆幸的是，对面的司机也不知道发生了什么事情，看到我使劲挥手，就停在原地不动。我赶紧把滤芯装好，把盖子盖好，一打火，哈哈，车着了，太开心了。然后向对面的大卡车司机挥手表示可以过来了，并双手拱拳以表谢意。

上到山顶，接下来就是蜿蜒曲折的下山路了，天也慢慢黑下来了。如果一个人开车有些孤单的时候可以和亲人朋友打电话，放着免提，专心开车，这样可以减少一些孤单的感觉。可是这会儿山里根本没有信号，电话打不出去，我只好把音乐放得很响，小心看着导航的线路慢慢开着。因为山路特别弯曲，小切的灯光也没有现在的车辆那么先进，在漆黑的夜里，周围没有一点灯光，因为晚上已经没有大卡车了。在大山里，只有我一辆车在黑暗中行走。每次拐弯的时候都是先看导航轨迹，然后慢慢看着路崖边，一点一点地拐过来，拐过了一个又一个弯道，慢慢沿着山路往下走。在一个弯道刚拐过来，大灯照射到的地方，有一辆越野车的残骸，那辆越野车一头扎在路边的沟里，车上已经没有玻璃了，只剩下一个空空的车壳，还有锈迹斑驳的车身。看到这个场景，对本来就很害怕的我来说真是雪上加霜啊，让我毛骨悚然。不由得，我将音量又调高了几格，用音乐声给自己壮胆。就这样，一路开，一路慢慢走，连续开了五六个小时。在这几个小时的独处中，渐渐地我明白了一些道理，内心也开始发生了一些变化，对于很多的事情也不再纠结了。出来前有一家公司因为业务往来，还有一些后续的手续没有完成，他们不肯给钱了，我也就没有帮他们把后面的事情做完。在山路上的时候，我就下定决心，回深圳之后，主动联系他们，把后续的事情处理完吧，没什么大不了的。后来，两家公司也是皆大欢喜地把这些事情妥善处理好了，那都是回深圳之后的后话了。

到夜里 12:00，我才终于开车到达了加查县城，看着久违的城市灯光，心里立刻就温暖起来了，赶紧找一个地方住下来，顺便叫老板多留两个房间给后面的那辆长城车。我下楼到旁边的餐厅点了一些吃的，在餐厅里吃东西，并翻看着照片，慢慢让自己回过神来。就这样边吃边等，直到夜里两点左右的时候，北京那辆车的四个老人才到达餐厅。我已经吃饱了，并告诉他们已经留好了房间，直接到前台拿房卡就好。我先回去休息了，开了一整天的车，已经非常累了。这辆北京车牌的四个老人，至今也不知道叫什么名字，也不记得他们的样子了，只记得后来在波密的时候，我们在电话里聊了几句，他们那辆车四个人想去墨脱拍照，也邀请我一起去，因为有两辆车可以相互有个照应。那个时候还没有现在这么方便，不是一天就可以到达的，去一趟墨脱，光去就要两天的时间，来回就要四天了。我因为离家太久，孩子还小，太太在家里催着要我赶紧回家，实在是不敢再耽误四天，就婉言谢绝了他们的邀请。还记得，在波密道别的早上，我刚出发不远，一个北京老爷子打我电话，告诉我他们的车打不着火了，问我可不可以帮他们看看车怎么回事，我赶紧开车过去，以为是电池没有电了，我就用"过江龙"帮他们打着火，他们就把车开到修理厂去了，后来经过检查才发现是发电机不发电了，更换了发电机之后他们就去了墨脱。幸好是在波密坏了，如果坏在墨脱的话，估计在墨脱的江北又会多一辆供大家拆配件的汽车遗骸了。听早期的资深旅友说，进到墨脱的车如果坏了，那基本是去江边找类似的车拆配件，如果找到了配件，加上自己会更换，就可以把自己的车开出来；要是没有配件，自己也不会修车，那你的车就也会被抛在江边，供后来的人去拆配件了。因为当时墨脱还没有修理厂，吃的、用的，全是从波密拉进去的，并且那个路经常是不通车的，一年只有几个月通车，大部分时间都是大雪封山，冬季很难出来。后来到了2014年9月，我才有机会开车进到墨脱，那个时候的墨脱已经很好了，住宿、吃饭都很齐全了，其他县城该有的，这个县城都有了，只是这里还没有太多蔬菜和水果，蔬菜还是一份50元，比起青菜，牦牛肉也是这个价格，这个时候才感受到青菜和肉一样贵。

Day20

10 月 18 日

加查—芒康

宿：芒康检查站附近露营

  第二天我一早就出发了，毕竟归心似箭，一路上哼着歌，走在阳光明媚的大道上，心情特别好，昨晚的恐惧已经远去了，今天是美好的心情迎接朝霞。到了中午时分，我开心地开着车行驶在一个村庄的小路上，当时的车速是 60km/h 左右，转过弯道之后是一条直路，有些飞奔而过的感觉。突然，路中间有个大坑，刹车是来不及了，车一下就掉到这个坑里，然后又从坑里冲出来，重重地砸在地上，熄火了。本来这条路是很好走的一条路，这个坑原是村里的一条小河，因为冬季河水干枯了，就剩下一个大坑了。因为前面和后面的路都很好走，基本上经过的车都不知道这里有个大坑，速度都会比较快，这里真是个"坑"啊，并且是个"大坑"，整个车都可以开下去的大坑。这会儿车打不着火了，但我对小切还是比较了解的，只要是热车，找个车来拉一下还是可以的，挂上二挡，前面的车拉一下，别一下挡还是可以打着车的。没办法，我只好下车，把车子里的拖车绳拿出来，挂在小切的车头，然后等路过的车辆拉我一把。

  真是天无绝人之路，没过多久就来了一辆拉沙子的车，我拦下来了，请司机帮我拉一把。司机很热心，帮我挂好拖车绳，我在后面挂好二挡，踩着离合，按了喇叭，他启动了，拉着我的车前进，我一松离合，车"哄"的一声就着了。我心里非常开心，赶紧按喇叭，示意前面的车停下来。我下车和卡车司机表示感谢之情。在此，也提醒经常出去自驾游的车友们，车上要放一个"过江龙"，一根拖车绳，这两样设备可以方便自己，同时也可以方便别人，出门在外，大家都应该相互帮忙。在以后的自驾旅行中，我都带着"过江龙"和拖车绳，看到路边停下来的车，我都会主动问问是否需要帮忙，因为你的帮忙，对于你来说是举手之劳，但对于被困的车辆和人员来说可是雪中送炭，哪怕是你停下车来的一声问候，都是寒夜里的一丝火光，照亮了被困的人，他们会从心底里感谢你！谢谢你伸出援手。

  从这个坑里出来之后，我一直开着车，发动机的声音越来越响了，我特别担心熄火了就打不着火了，所以中间停车都不敢熄火。我一直开到下一个县城，找到一个修理厂，找到了修车师傅，在他的修理厂里我才熄了火。师傅帮我调了怠速，这样车不光可以打着火了，发动机的声音也小了很多，我又可以开心地出发了。

  一路欢歌笑语，一路欣赏着风景，一路听着歌曲，一路好心情，遇到要拿限速条的地方就计算一下距离，然后顺利过了几个检查站。可惜好景不长，有一个区间限速条的时间和距离，我计算的时候本来预留了 3 公里的路程，结果这个检查站比实际的公里数少了 5 公里。我开着车刚拐过一个弯道，谁知前面 200 米就是限速检查站了，等我反应过来的时候已经来不及了，旁边也没有更宽阔的地方停车，我只好硬着头皮把车停在离检查站还有 100 米远的一座桥上。因为按照限速，我至少提前 10 分钟到达了，那就是超速啊。我下车，拿起相机拍起了照。

  其实我的所有举动，检查站的警察都看在眼里。我停下车不到一分钟，那位检查站的警察就朝我走过来了，走到我跟前问我："你在深圳会不会乱停车啊？"我说："不会啊。"他说："那你以为在西藏就可以乱停车吗？赶紧把车开到我们检查站的那个停车场里去吧！"我只好把车开到他指定的停车场里了。

警察跟了过来，叫我把行驶证和驾驶证都给他。我都给了他，毕竟知道自己超速了，理亏啊。然后他问我要限速条，我没有给，因为那个时候最少还有10分钟才到限速的到达时间。我假装在车里找限速条，找了一会儿没有找到，他看我不会爽快地给他限速条，就说："赶紧找啊，找到了去找我处理吧！"接着就拿着我的行驶证和驾驶证走了。

我坐在车里想啊，这次惨了，肯定要罚款和扣分了，我就坐在车里等着，等了大约10分钟，我看限速条上面的时间到了，就拿着限速条和一些水果、饼干去找那个警察处理。我一进门就特别客气地找到那个警察，并把水果和零食放在桌子上给他的同事们吃。

警察同志问我："是不是超速了？"我说："不好意思，因为昨天修车，耽误了一些时间，今天着急赶回家，估计速度是快了一点点，以后不敢了，一定会注意安全的。"他说："你以为我不知道啊，你停车在那里的时候就已经最少超速了10分钟，要不这样吧，罚款1000元吧。"早期西藏对超速的管理非常严格，都是罚款很重的。我一听吓坏了，1000元对于我来说是很大一笔钱了，我赶紧赔着笑脸和警察说："我知道自己错了，以后再也不敢超速了，再说我身上也没有那么多钱了，您看有没有别的办法，我保证深刻地认识到了超速的危害性，谢谢！"就这样，警察看我认错态度诚恳，并且也知道了超速行驶的危险性，就对我说："那你去停车场等30分钟吧，30分钟以后再来找我拿证件。"我便赶紧回车上去了，等了35分钟，然后顺利拿回了行驶证、驾驶证。从那以后，我回去的路上都不敢超速了，按照限速慢慢地走，一路平安地回到了深圳。在此也提醒广大的车友，出门在外旅行，一定要控制好车速。在路上行驶一定要按照限速行驶，因为你不知道前方的路况如何，之前说到的那个大坑和超速都有可能引发大的交通事故，造成不必要的人员和财产损失，得不偿失，一定要遵章行驶，才能一路平安！

从林芝八一镇出来，在路边看到两个人拦车，一个是戴着红五角星黑帽子的小伙子，另一个是戴着帽子的小姑娘。本来也没有想停车的，但是看到那个男孩头上的红五角星帽子，顿时有了亲切感，就停车问他们去哪里。他们说去云南丽江。我车上正好比较空，他们两个人的行李也不是很多，就让他们上车了。一个人开车时间长了也容易打瞌睡，多两个人在车上也是好的，可以聊聊天，听听他们的故事，顺便也可以带他们走一段，助人为乐是一种美德。从他们口中知道，那个男孩是潮州小伙子，两个月前骑自行车来到拉萨，去的时候走了20多天，结果膝盖骑坏了，回的时候不能骑车了，就把自行车寄回家里，自己留在拉萨的客栈打工。在打工的过程中，他认识了旁边的这位女孩，他们在拉萨的青旅打工了一个多月，有了一些路费，想继续旅行到丽江，准备到了丽江再继续打工，边旅行，边打工。我津津有味地听着他们的故事，因为318国道这一段我们都走过，一路上便专心赶路，没有停下来拍照。

到了然乌湖，我们一起吃了饭。我点了几个菜，三个人一起吃，吃完买单是 100 元多一点，我们说好一路上吃住都是 AA 制，我不收他们的搭车费，也不收他们的油费、路费。他们两个人平均下来就是每人 36 元钱，看着他们拿钱的样子，好不容易从口袋里找到了几张钱都是皱巴巴的几元钱，我估计是这餐费超标了。我就说："算了，这顿饭就我请你们吃吧。"他们很是不好意思，极力推辞，经过我一再坚持，他们也就同意了。但说好下一顿一定要 AA 制的，不然他们都不好意思了，我也欣然答应。

本来我准备找家酒店住下的，问他们怎么安排，他们说找一家按照床位付费的青旅住吧。我说："好啊，我也和你们一起住吧。我们就在然乌镇找了一家一个床位只要 30 元的青旅住下，选了一间有上下铺四个床位的房间住下了。小姑娘睡上铺，我和那个男孩睡下铺。收拾好行李，我们就到院子里和其他的青旅朋友们一起聊天。有个成都来的哥们儿，属于话题领袖，绘声绘色地讲自己的故事，并且是非常好笑的故事，就像讲别人的故事一样。他讲故事，我们喝酒，每个人拿着一瓶啤酒喝着听故事，恍惚间仿佛又回到了大学时光，就像坐在宿舍里听室友讲故事一样。

在那个青旅的楼梯尽头是一面墙，墙上有一幅画，样子很凶，一个男人张开大口呐喊着，使出浑身的力气，下面签名是"娟子，等着我！"看到这幅画，我一晚上没有睡好，脑海里总是浮现出那幅画中凶狠的神情。后来听客栈老板娘说，画那幅画的人是来这里住的一个人，因为什么住了几天，画了这幅画，然后就离开了，再后来过了几天就听说那个男孩掉到江里了，只留下这幅画在这个客栈。

我们回到芒康的那天也是夜里翻越东达山的，那天夜里本来可以很早到达芒康，上山上到一半的时候，车出了问题，一直都加不上油，但也不熄火，就这样按照 20km/h 的速度，慢慢地爬山，慢慢地爬山，真是你再怎么着急，它也不急，就是加不上油。我们三个人就在车上，聊着天，晃晃悠悠地走着。可能是因为山顶的温度太低，发动机动力不够，其实后面想想也就知道了，当时的发动机已经受伤，在苟延残喘着向前走，真是辛苦了这辆小切，本来发动机就出问题了，还要背着这几个人带着这么多的行李翻山越岭！

到达芒康的时候已经是凌晨三点了，我们也没有找客栈住下，在离芒康检查站不远的地方有一个空旷的大坪，我就把车停在大坪上。我们三个人都累得不行了，三个人都有睡袋，我车上有一个帐篷，就这样每个人钻到自己的睡袋里睡下了，因为实在是累得没有了力气。

Day21

10月19日

芒康—德钦

宿：德钦县城

    第二天早上醒来，我们三个人的精神状态都好了很多，一起煮了方便面吃。吃完早餐，我们原计划在芒康分道扬镳，我走318国道回成都，他们再搭车继续去云南丽江。男孩今天在芒康还买了些水果去看望一个藏族的老太太。我们问他为何要去，他和我们讲了其中的原因。他骑车进藏的时候，走到芒康又累又饿，天又下雨，刚好经过这个藏族老太太家门口。老太太邀请他到家里喝酥油茶，看到他浑身都湿透了，就让他留下来，并给他饭吃，住一个晚上。第二天早上起床，吃了早餐，老太太还给了他一些干粮，然后把她孙女也叫到跟前，指着男孩说："这个小男孩人很不错，要不你就和他一起去吧。"也极力想让男孩把她的孙女带走，和他一起去西藏，一起去浪迹天涯。故事听到这里，我们都笑了，以为这样的故事只有电影里有，怎么还会真发生在我们身边。男孩想想，自己一个人都照顾不过来，也没有本事照顾这个淳朴的小女孩，最后还是谢绝了老太太的好意，自己一个人出发了。事情过去一个多月了，这个男孩是知恩图报的人，今天路过芒康，一定要去感谢一下曾经在风雨里救助他的那位老奶奶，一定要去感谢她的收留之恩。

后来的故事就不得而知了，当天因为318国道修路，不能走，我又着急回家，只好沿着滇藏线走了，在半路还遇到过那个在林芝搭我车的女孩。她坐在一辆当地人的拖拉机上面，在经过我身边的时候她也看到了我，大声喊我，因为是下坡路，走得太快了，都还没有来得及说什么，就已经匆匆分别了。我后来再也没有见过他们，回来之后也没有联系过他们，不知道那个男孩和女孩到底去了哪里，是否如愿到达了丽江，是否在丽江停下来，是否有了自己的客栈，或者是否结束了这趟旅行，回到了家乡，过着幸福快乐的生活。无论他们身处何方，我都希望他们温暖如初，过着幸福快乐的生活。

我一个人开着车飞驰在滇藏线上，想尽快回到深圳，一路上都是在确保安全的情况下开得很快。经过梅里雪山脚下的时候，我在山脚下看到了梅里雪山上快落下的夕阳，预计今天能够看到日照金山的画面。当初来的时候，经过梅里雪山是阴天，没有看到日照金山的画面，这一次我自然加大油门往山顶上冲。其实这个时候我的车在超负荷地工作着。到了山顶，停下车，我如愿拍到了日照金山的照片。拍完照片，时间还早，我就想继续翻过白马雪山，住到奔子栏去，结果当晚我就被困在了白马雪山。当时我开车一路走，看到一个地方可以拍照，就停下车来拍照，结果上车的时候怎么也打不着火了。于是我把火花塞拆下来烧，之前如果多次打不着火，把火花塞拆下来烧掉上面的汽油就可以打着了，结果这次弄了很久也没有打着火。我只好又在路边拦车请别人下来帮我维修，但经人帮忙维修，还是打不着火。最后遇到开陆巡的当地藏民，他们非常好心地停下车来帮我修车，弄了半天还是弄不好，又帮我推车，还是打不着，实在是没有办法了。他们其中一个就说："这样吧，你把车上贵重的东西带上，把车推到路边，拉好手刹，停好车，然后你坐我的车回德钦住一晚吧，不然的话，你今天晚上在这山上估计会冻成冰块，晚上山顶的温度非常低的。"

于是我就坐着他们的越野车来到了德钦县城，其中一个藏民一路上打电话帮我联系吃饭的地方、住的地方，还联系了一个修车师傅。还和一个开出租车的司机说好了，让我明天一早和出租车司机联系，去找那个修车师傅帮我修车。他们把我送到住的地方，看着我住下才开车走了。第二天那个出租车司机告诉我，昨天帮助我的其中一个人是德钦县人民医院的院长。非常感谢他的相助，让我没有在白马雪山上冻成冰块。

Day22-31
10月20日至29日

德钦—深圳

第二天我就找到那个出租车司机，然后再找到那个修车师傅。师傅初步断定是分电器坏了，正好他那里有一个二手的分电器，就带着这些配件出发了，租车费是600元一个来回，修车费另算。我们到了小切跟前，它还是静静地停在那里，等着主人回来。很快，师傅修好了车，出租车司机先回去了，我担心车还是有问题，就让修车师傅帮我把车开下白马雪山。正好当时身上的现金也不够给修车师傅，便让师傅与我一同到奔子栏镇去取现金给他。修车费用加上开车费用是2000元，拿到钱后修车师傅就自己在奔子栏留下来搭车回去了。

我继续一个人开车往回走，到丽江的时候已经是下午了。路上遇到一个搭车的人叫阿布，是从丽江郊区去城里的。她是台湾人，来丽江旅游，一直想去西藏，在丽江住了6年了，一直还没有去成。直到后来2019年，我问阿布是否去了西藏，她告诉我还是在丽江，还没有去成西藏呢。有的人，为了一个西藏梦想执着追求了14年，人生有多少个14年，真是打心底佩服她的毅力。

当晚我开车到了大理古城，在大理古城住了一晚。车的发动机已经非常响了，我想去昆明维修，但如果能够坚持的话也可以开回深圳维修。然而事情并没有我想象的那么顺利，在离昆明还有八九公里的地方，只听见"砰"的一声，车停下来不动了。我下车一看，机油漏了一地，地上还有一块像铁一样的东西，这下怎么也打不着火了。后来把车拖到昆明维修厂才知道，这块铁是发动机的一部分，硬是被横杆撑破了，把发动机撑了一个大洞，根本没法开了。

开不动就没办法了，我只好停下来打电话求援。知道"爱心光明行"的常帅在昆明，我就打电话向他求救。常帅给了我一个维修厂老板的电话，叫我打电话给他，让他派车把我的车拖回去。在等待救援的时候，交警来了一次，询问了情况，让我在车辆的后方放置红色警示牌，然后问我是否有叫救援车辆，得知我已经叫了，便叫我注意自身安全就离开了。在这里给大家科普一下，无论是在高速还是国道，如果车辆出现故障，请在车辆的后方超过150米的地方放置车辆故障红色警示牌，一个三角形的标志，每辆车都必须备好。如果是国道就站在车辆靠近路边的那一侧等候救援，尽量离开事故车，向前走100米的位置等候，这样就算后方的车辆没有看清你的车，出现问题，你离事故车还有100米的安全距离。如果是在高速公路上，一定要走到高速公路的护栏以外100米远的安全地方等候救援车辆到来。车辆救援成功之后，一定要把你当时留下的车辆警示牌和等候过程中的垃圾带走，爱护环境，人人有责。

在昆明的修理厂里，常帅因为有事不在昆明，没有过来和我见面，他已经交代了师傅尽可能帮我修好这辆车。按照当时的情况，这辆车修好的价值并不大，师傅建议我把车卖了吧，当废铁卖了，估计可以卖个2000元钱，刚好可以买张机票回深圳了，多省事，大家都皆大欢喜啊。我想着心爱的小切即将被肢解，变成废铁，心里很不是滋味，不管如何，它也带着我翻山越岭，跋山涉水，经历了无数个不眠的夜晚，虽然一路上不断出故障，但毕竟带着我从深圳出发，不远千里，翻越过无数高山和河流，从西藏已经回到昆明了，如果这个时候把他切了卖废铁，实在是于心不忍，感觉对待这个老朋友就是兔死狗烹，心里不是滋味。于是和修理厂老板软磨硬泡了半天，让他想想还有没有别的办法可以修好，后来常帅也帮忙说情。老板实在拗不过我了，就答应让小徒弟连夜把整个发动机拆下来，拆得只剩下一个空壳。如果可以把这个破洞补上，就帮我把发动机修补好，然后把里面坏的零件更换一下，估计就可以开了。经过小徒弟的一晚拆卸，终于拆得只剩下一个壳了，他问了焊接的师傅，说是可以拿过去试试，如果可以焊接上去就没问题了。

他们的办法是从另外报废的发动机上面切下来一块差不多大小的铸铁，磨成那个大洞的形状，再焊

接上去，然后磨平。庆幸的是这个地方不受力，只要是不漏气，不漏油就可以了。经过一天的努力，中午的时候就传来了好消息，发动机焊接成功了，可以修补好发动机，我悬着的心终于放了下来。在修理期间，我一直在修理厂坐着，其实也很无聊，什么也不会干，帮不上忙。住，我就住在旁边的小酒店；吃，修理厂老板就让我在修理厂里和他们一起吃饭。

当时吃饭的情景我记得非常清楚，老板娘做好了饭菜，让大家过来吃。中午的饭很多，菜有三个，一个土豆炖排骨，一个青菜，一个肉炒芹菜。他们几个师傅都是年轻人，20来岁的小伙子，干的又是力气活儿，盛了满满一大碗饭，来到桌子前，大口大口地吃，夹一点菜就吃完了一碗饭。我也盛了一碗饭，夹了一些土豆和芹菜就在旁边站着吃。他们也是站着吃的，修理厂的师傅吃饭没有那么讲究，吃饱了就好。等我吃完第一碗饭回去准备夹菜的时候，发现刚才还有半锅的土豆炖排骨已经没有了，其他也只有一些青菜了。师傅们都吃饱了，他们吃饭的速度比我快多了，我只好继续吃一些青菜，把那碗饭吃完。

待在修理厂不好玩，我就问老板哪里好玩，他告诉我在昆明不远的地方有一个地方叫澄江，那里有个抚仙湖很好玩。当时已经是10月底了，我在昆明买了几个苹果就出发了。买苹果的时候发现，昆明卖东西都是按照公斤来计算的，但苹果也可以按个来卖，很有意思。正好大学的舍友二哥李文明在元江居住，离抚仙湖并不是很远，我就去了长途汽车站搭车去抚仙湖玩了。

抚仙湖当时已经是淡季了，湖边没有什么游客，只有几个当地人在那里玩。当天下午的风还很大，我问湖边小卖部的老板娘，可不可以下湖里游泳。她说："你不怕冷就可以，会不会游泳啊？如果会游泳的话是可以下去游的。"我当时鼓足勇气，买了泳裤和毛巾，来到湖边的一艘船旁边，把毛巾提前放在船边，因为当时风很大，温度也就是15摄氏度左右。我把冲锋衣脱掉，换上泳衣，在岸边热身了一下，就下水游泳了。刚下去的时候，水非常冷，我赶紧加快游几下，就没那么冷了。其实冬天游泳只是需要下水的勇气，只要下水之前做好热身，下水之后赶紧游几下，身体很快就会发热的，就不会冷了。一上岸，我赶紧用提前准备好的毛巾把身上擦干，穿上衣服，身上很快就暖和了。可能因为我是属龙的，龙是住在海里的，所以我特别爱游泳，看到有水的地方都想去游。后来2018年冬天在清远英德蝴蝶谷，气温只有4摄氏度左右，我也脱掉羽绒服到水里游了一圈，上来的时候满身都是红色的了，哈哈哈，浑身麻酥酥，穿好衣服，顿时浑身暖洋洋的，真舒服啊！

在抚仙湖游完泳，我就去了元江看望大学室友二哥李文明。他热情地接待了我，带我和他的朋友一起吃饭，然后安排我住下了。第二天我离开的时候，他还买了好多水果送给我，让我在路上吃。他在学校的时候也是非常照顾我的，知道我家里比较穷，上大学的时候买菜总会多买一些肉菜，分一些给我吃，让我在轻松和安逸中度过了快乐的大学时光，我从心里非常感谢他。他也和我说，希望退休以后有机会和我一起游山玩水，期待他也能够早日实现这个梦想。

从元江回到昆明，车辆也维修好了，经过一天的测试和磨合，可以交车给我了。我拿到修好的小切，如同久别的朋友一样。发动车辆，听到久别的发动机轰鸣声，我知道，我的小切又复活了，我太高兴了。付完修理费8000元，我就开着心爱的小切又出发了，一路向南，回深圳。

小切修好了，我一路开心，一路高歌，可是走着走着，水温就过高了，我只好每次在服务区加满一大桶自来水，然后跑个200公里就要停下来给它降温。说到大桶矿泉水的事情，我特别庆幸我有这个好习惯，每次出远门都会带一大桶矿泉水放在车上，一方面应对水土不服，另一方面也可以给"开锅"的发动机降温。这个好习惯，曾经几次成功地让我安全脱险，记得最清楚的一次是2015年在阿拉善"英雄会"，因为穿越沙漠水温过高，水箱开锅了，就是靠着这桶水让我一点点走出了那个大沙漠，如果没有那桶水降温，估计那个夜晚就要在沙漠里度过了。

就这样走走停停，走走停停，2012年10月29日，我终于回到了久违的深圳，看到了美丽的太太、可爱的女儿和儿子。2012年西藏之旅就此结束，回到家的感觉真好。

后来，我约了强哥、徐总、AK聚会。看了徐总的黑白反转照片，听了徐总的顶级音响，收到了徐总制作精美的相册。徐总因为爱威士忌，开了一个酒吧，我们常常聚在徐总的酒吧一起喝酒，一起看电影，一起聊天。我开始正式运作"深圳自游穿越自驾游俱乐部"。强哥邀请我们去他家参加家宴。郭大侠跳槽去了别的公司，虽然不常联系，但都彼此远远地看着。AK在2019年年底"越野E族"的年会上和我再次偶遇，大家还是那样熟悉。申思圆大学毕业了，成了一名优秀的律师，那都是后来的故事了……

2012年之后，大家都各自安好地生活着，后来的后来，都有了很多的故事，那都是后来的故事了。唯独曾经的2012年，一起走过西藏的故事是属于我们的，虽已远去，但从未离开。若干年后，2020年2月的某个午后，想起这段经历，他们都在远方笑了……

环驾ch国

2018 年

单人单车环驾中国

环驾中国边境线，拍摄国门和界碑，为祖国 70 岁生日献礼！

2017 年，我就有一个环驾中国梦，可惜没有实现。但梦想没有熄灭，当初的梦想是：世界这么大，总渴望能出去看看。小时候还怀有这样美好的梦想，长大以后却自己推翻了，忙碌的生活让我忘记了去旅行。中国这么大，只有埋怨自己没时间。但有一种成长叫旅行，只需要你有一颗决心，收拾好行李，这世界没有什么可以阻挡你出发，说走就走，从来就不需要理由。

2017 年为丁酉鸡年，我们制订了一个伟大计划：7 月 18 日，从广东深圳出发（以 G107 终点为起点）从东至西，逆时针方向环中国陆地边境绕一个大圈，途经 10 个省、4 个自治州、2 个直辖市，翻越十几座山、穿越无数个小村庄，全程历时 3 个月，约 88 天再次返回深圳。

然而，理想很丰满，现实很骨感，我的"自游穿越"自驾俱乐部经营状况并不是很理想，俱乐部没有足够经费支撑环驾中国边境线一圈。于是，我们只能发出招募帖，让更多人参与进来，以收取费用的模式来完成这个梦想。

招募帖发布出去之后，人员招募不理想，没几个人愿意出发去环驾边境线。有些人想去，但也因为工作、生活、时间、经费，以及各种不能去的理由，无法成行。我也因为俱乐部的经营状况和经费，和所有人一样，只好把梦想放在心底，等待时机。2017 年环驾中国边境线的梦想就此夭折了，但梦想并没有熄灭！

2017 年 10 月，深圳自游穿越自驾游有限公司股份制合作结束，所有股东退出公司经营。在此，我深深感谢曾经参股公司经营的股东和为公司工作过的同事，感谢大家的辛勤付出。

我作为深圳自游穿越自驾游俱乐部的创始人，这个公司就如同自己的孩子一样，已经抚育了 5 年。正好这个公司也是和我的儿子同一年诞生的，一个是公司，一个是儿子，是我工作和生活中的两个孩子。我不想这个公司就此结束，于是把公司的业务承接下来，继续经营。

2012 年 9 月 28 日去西藏 30 天，回来便开始正式运营深圳自游穿越自驾游有限公司，从开始的一个人，在家里办公，到后来的一群人，经营了 5 年，中间遇到了很多的困难和艰辛，也遭到过家人的反对，也经历了开心快乐的日子，曾经的点点滴滴都历历在目。

2017 年下半年开始，我抛去了繁杂和躁动，静下心来思考，从之前的快速猛进式发展，慢慢回归到脚踏实地的发展，一步一步慢慢寻找出路，逐步把公司理顺，把之前的一些业务整理和打包，把公司的业务集中在"自游穿越，深度旅行"的范畴。慢慢地，公司经营状况有了一些起色，虽然没有很高的营收，但前方的路已逐步清晰可见了，那就是专注于"自游穿越，深度旅行，自由的另一种境界"。

我逐步把公司旅行定位在高端定制旅行，专门为公司、商会、商学院等高端群体做定制旅行，同时把"99 爱公益 形走远方"活动坚持做下去。

2018 年上半年，公司有些起色。4 月份我报名参加了"沙漠戈壁徒步"众筹活动，结识了一群热血澎湃的人，身体力行完成沙漠 108 公里挑战赛，在大漠戈壁深处遇见更加真实的自己。

这年 5 月 28 日，我单人单车从深圳出发，一路向西，开始环驾中国陆地边境线一圈。此次走的线路是顺时针方向，从深圳出发，途经广西、云南、西藏、新疆、内蒙古、东北三省。河北、天津、山东、江苏、浙江、福建、广东，回到深圳。历时79天，全程29186公里。

2019年是逆时针环驾中国大陆边境线一圈，从深圳出发，三台车，三个老司机，三家人，途经福建、山东、东北三省、内蒙古、新疆、西藏、云南、广西，回到深圳。到达中国最东端，黑瞎子岛；到达中国最北端，北极村；到达中国最西端，新疆乌恰县的西极村；到达中国陆地最南端，湛江徐闻。历时98天，全程31187公里。

2018年，2019年，顺时针，逆时针，环驾中国边境线2圈，总行程6.2万多公里，车轮走过中国边境线上的国门、口岸、界碑，我将这些资料整理在本书中，期待能够为有环驾中国梦想的所有旅友们作参考。

2018年5月29日　东兴口岸

2018年5月30日　友谊关

2018年6月5日，瑞丽一岛两国界碑

途经亚东沟国门（上图山顶最左边）

2018 年 6 月 16 日 318 国道

2018年6月17日 路上偶遇好朋友

2018年6月18日，普兰边境大门

2018年6月25日，霍尔果斯国门

2018年6月26日，阿拉山山口口岸

2018年6月27日，吉木乃口岸

2018年7月7日，二连浩特口岸国门

2018年7月14日，满洲里国门与界碑

我们到达室韦口岸的时候，口岸工作人员下班了，不让通过，我们只好在边境上拍照留念

2018年7月15日，黑山头国门口岸与界碑

2018年7月17日，中俄边境奇乾村的界碑

2018年7月17日，中国最北点——北极村

2018年7月19日，北红村

2018年7月20日，黑河口岸

2018年7月21日，嘉荫口岸

2018年7月21日，嘉荫界碑

2018年7月21日，中国陆地最东端东极广场口岸

2018年7月22日，中国黑瞎子岛界碑

2018年7月23日，中国珍宝岛

2018年7月25日，"一眼望三国"

2018年　单人单车环驾中国　　067

2018年7月26日，长白山天池

2018年7月28日，通化集安口岸、丹东鸭绿江断桥

2018年7月31日，天下第一关山海关

2018年7月31日，天津瓷房子、大沽口炮台

2018年8月7日，山东蓬莱阁

环驾china

2018 年

最初的攻略

环驾中国陆地边境线行程与线路

线路全程：4400 公里

风光指数：★★★★☆

线路难度：★★★★☆

行程节点：

深圳—湛江—钦州—东兴—凭祥—靖西—建水—普洱—景洪—临沧—腾冲—瑞丽—泸水—知子罗—贡山—丙中洛—察瓦龙—目若—察隅

旅程用时：

行车时间 13 天（此为推荐时间，请根据行程预留 1—2 天弹性时间）

行程安排：

Day1 深圳—湛江

Day2 湛江—钦州—东兴

Day3 东兴—凭祥

Day4 凭祥—靖西

Day5 靖西—建水

Day6 建水—普洱—景洪

Day7 景洪—临沧

Day8 临沧—腾冲

Day9 腾冲—瑞丽

Day10 瑞丽—泸水

Day11 泸水—知子罗—贡山

Day12 贡山—丙中洛—察瓦龙

Day13 察瓦龙—目若—察隅

Day1

深圳—湛江
G4—G9411—G4W—S26—G15
500 公里，6.5 小时

建议

到湛江不可错过的 7 件小事
1. 晚上到大排档吃炭烧生蚝；
2. 去东海岛中国第一长滩冲浪；
3. 去世界地质公园湖光岩体验天然氧吧；
4. 到海滨公园乘坐红嘴鸥小游轮游海湾看军舰；
5. 到中澳友谊花园观赏海湾大桥；
6. 到金沙湾海滨浴场 / 渔港公园 / 特呈岛嬉戏踏浪；
7. 到广州湾风情街领略法兰西风情。

住宿

金富汽车主题酒店
地址：广东省湛江市赤坎区观海北路 1 号 1 层 15 号（金沙湾滨海园），近调顺岛路口
电话：0759-2500666
价格：标间 298 元（含早餐，免费停车）

美食

湛江被称作"中国海鲜美食之都"，近年来更有"要吃海鲜到湛江"之说。龙虾、沙虫、生蚝、花蟹等，随便找一家街头小店就可以品尝到最鲜美的海鲜。如果到海鲜市场上自由选购，然后再由旁边的小店进行加工，那更是好吃又便宜。

汽修点

中泰奔宝汽车维修部
地址：广东省湛江市赤坎区海滨六路 21 号
电话：0759-3126541/3126998

Day2

湛江—钦州—东兴
G75—G7511
315 公里，4.5 小时

建议
东兴位于我国陆地海岸线最西南端，东南濒临北部湾，西面与越南接壤，是广西乃至中国通往东南亚最便捷的通道，也是中国与东盟唯一海陆相连的口岸城市，边境口岸与万尾金滩，不可错过！

住宿
国门大酒店
地址：广西壮族自治区东兴市新华路口岸，近国门口岸旁
电话：0770-7665888
价格：标间 298 元（含早餐，免费停车）

美食
东兴街头，常常看到小贩挑着担子卖屈头蛋，很多吃客在第一次吃的时候会被屈头蛋里未成形的小鸡小鸭吓到，甚至吃到毛、头和眼睛，但是只要吃习惯了保证你会上瘾。越南风味螺，当地常见的美食，整整一大盘，25—30 元，绝对物美价廉。越南卷筒粉，皮薄透却软弹，配以特制的卤汁，味道鲜香浓郁！

汽修点
中泰奔宝汽车维修部
地址：广东省湛江市赤坎区海滨六路 21 号
电话：0759-3126541/3126998

Day3

东兴—凭祥
S325
270 公里，6 小时

建议

凭祥是一个口岸城市，与越南的谅山接壤，境内有中国九大名关之一——友谊关、美丽的白玉洞、中法战争古战场遗址——平岗岭地下长城、金鸡山古炮台、小连城和大清国万人坟等景点。

住宿

锦华国际大酒店
地址：广西壮族自治区凭祥市金象大道 18 号，与狮子山路交汇处
电话：0771-8568888、5976666
价格：标间 249 元（含早餐，免费停车）

美食

凭祥新华路 5 号的美食街一定要去。柳州螺蛳粉，上过《舌尖上的中国》。越南风味的水果捞，一碗至少 10 种水果，再配上店家调制的甜品 / 炼乳 / 糖浆就可以吃。还有麻辣烫、越南粉……

汽修点

丰鼎汽车修理厂
地址：广西壮族自治区凭祥市田心路西 50 米
电话：0771-8532573

Day4

凭祥—靖西
S325—X532—S316
240 公里，5 小时

建议
靖西是典型的壮族聚居县级市，喀斯特地貌造就了靖西市多样而美丽的自然景观，有古龙山峡谷群、三叠岭瀑布、通灵大峡谷、灵山、旧州风光、鹅泉、爱布瀑布群、渠洋湖等，其中鹅泉还是跨国瀑布——德天瀑布的源头。

住宿
环球大酒店
地址：广西壮族自治区靖西市城中路延长线龙潭湿地公园旁，近第二中学
电话：0776-3056888
价格：标间 238 元（含早餐，免费停车）

美食
靖西的酸野那是相当出名，香糯粒大，十分可口，简直让人垂涎三尺。米饺，口感糯软微韧，淡淡的香味和糯而不腻的口感，顿时让你唇齿留香。番叽嘟，黏稠糯米粉裹着红薯蓉，外酥香脆，内馅软中带劲，最后蘸上白砂糖即可食用。当地的手工米粉味道相当不错，分量很足，25—30 元，绝对的物美价廉。

汽修点
畅通汽修修配部
地址：广西壮族自治区靖西市城西路 714 号附近
电话：13768268722

Day5

靖西—建水
S60—S8011—G80—G8011—鸡石高速
515 公里，6.5 小时

建议
建水古城古称步头，亦名巴甸，始建于唐代，距今已有1200多年历史，城内有保存完好的精美古建筑50余座，堪称一座"古建筑博物馆"和"民居博物馆"。城内最著名的是朱家花园，此外双龙桥也值得驻足，横跨泸江河与塔冲河交汇之水面上，是云南规模最大、艺术价值最高的多孔连拱桥。

住宿
半闲庭精品客栈
地址：云南省建水县北正街临安春秋商业步行街4栋，近文庙、近朱家花园
电话：13118737551
价格：标间220—260元（收费停车：20元/晚）

美食
建水的街头巷尾，烧豆腐果随处可见。建水烧馒是云南特色小吃之一，要吃到正宗地道的烧馒，一定得来临安路48号的临安饭店，这里是建水味道的代表。特色必点：烧馒、汽锅宴、热凉米线、松鼠鱼、糖醋排骨、花生汤煮荠菜等。还有古城中心临安镇红井街24号的杨家花园，特色必点：老八碗松毛宴、临安铜炊锅、三丝扒象牙、瓦片肉、杨家特制酒。

汽修点
景通轿车维修服务中心
地址：云南省建水县富康路附近
电话：0873-7686999，18887302945

Day6

建水—普洱—景洪
鸡石高速—G8511
460 公里，6 小时

建议

景洪当地傣民聚居，几乎全民信仰小乘佛教。逛寺庙，欣赏建筑风格，感受宗教文化成了游玩当地必选的一种方式。还有距离勐景来景区不远的打洛口岸，有时间的话可以去逛逛。景洪的夜晚，在澜沧江边散步是个不错的选择。

住宿

天然居客栈
地址：云南省景洪市告庄西双景景真寨 21 栋
电话：13578116302
价格：标间 178—238 元（含早餐，免费停车）

美食

景洪告庄西双景的夜市一条街有家岩温秀傣味烧烤，有香茅草烤鱼、肉串、鱿鱼，还有猪肝、牛肚、小肠、脆肠、螺蛳、鸡爪等。菜包鱼，是傣味中很常见的特色小吃，在湄公河星光夜市入口就有。

汽修点

金冠汽配汽修
地址：云南省景洪市江北变电所
电话：0691-2200570

Day7

景洪—临沧
G214
405 公里，6 小时

建议
临沧是云南通往缅甸和东南亚的重要门户，有"亚洲恒温城"之称，主要景点有：千米国画长廊、漫湾百里长湖景区、临沧大雪山、耿马南汀河、沧源崖画、翁丁原始部落、沧源佤山等，可根据自己的喜好，选择性去玩。

住宿
金海棠东港大酒店
地址：云南省临沧市缅宁大道东港建材城
电话：0883-2618888
价格：标间 298 元（含早餐，免费停车）

美食
红茶烧肉、旺子米线、酸扒菜、豌豆油粉等。

汽修点
大福修理厂
地址：云南省临沧市临翔区南天路 811 号
电话：0883-2130035

Day8

临沧—腾冲
G214—S313—S231—G320—S10
550 公里，8 小时

建议
腾冲的和顺古镇是云南最早的跨国贸易的诞生地，是西南丝绸古道上一座深受中原文化影响的百年古村，西南丝绸古道就是从这里一直往西，最终连接了南亚和西亚。和顺古名阳温暾，因境内有一条小河绕村而过，更名"河顺"，后取"士和民顺"之意。和顺人一代代走马帮、办商号，留下了许多传奇故事，现还留有艾思奇故居、寸氏宗祠、弯楼子、和顺图书馆等历史建筑。

住宿
九间房客栈
地址：云南省腾冲市和顺古镇尹家巷十字路十三社 52 号，近云南小粒咖啡
电话：18788078632
价格：标间 204—216 元（收费停车场：20 元左右 / 天）

美食
最有名的腾冲家常菜有大救驾、青龙过海汤、坛子鸡、油炸撒撇等；腾冲没有特别出名的美食聚集地，大多数人会选择三桥美食街和热海路来探寻美食。

汽修点
宏鑫汽车修理厂
地址：云南省腾冲市东方路西 50 米
电话：0875-5130999

Day9

腾冲—瑞丽
S10—G56
200 公里，2.5 小时

建议
瑞丽是个多民族的聚居地，傣族、景颇族、德昂族、傈僳族等少数民族占瑞丽居民的一半，在这里，各民族人民相处和谐融洽、热情好客，瑞丽还有一桥两国、一街两国、一寨两国、一院两国、一岛两国的特殊地理景观，姐告口岸是瑞丽不错的体验地。

住宿
斯达沃大酒店
地址：云南省瑞丽市姐岗南路东侧 141 号，近瑞丽美食一条街瑞丽江广场
电话：0692-3018555
价格：标间 238 元（含早餐，免费停车）

美食
酒店附近有美食街；牛撒苤、酱烩田螺、凉拌鱼生、酸扒菜等。

汽修点
联手快修
地址：云南省瑞丽市南卯街 1 号
电话：18788223968

Day10

瑞丽—泸水
G56—S230—S228
290 公里，4.5 小时

建议

泸水地处享有"东方大峡谷"美誉的横断山脉南端纵谷区，东部的碧罗雪山与西部的高黎贡山夹怒江由北向南纵贯全境，旅游资源十分丰富，有神秘的怒江大峡谷、充满传奇色彩的听命湖、千古情侣阴阳山瀑布、碧罗雪山等景观；片马镇作为云南省级开放口岸，聚集了各种珍禽异兽和名贵药材。

住宿

怒江大酒店
地址：云南省泸水市六库镇新城区怒江大道，临客运站、临同心广场、临政府办公大楼
电话：0886-8888966
价格：标间 305 元（含早餐，免费停车）

美食

泸水六库镇华天商贸城 D 栋 6-10 号的重庆秦妈火锅；新城区山水蓝岸商贸城，怒江大道边上的漕涧老营驴肉饭店连锁店。

汽修点

昌隆汽修中心
地址：云南省泸水市向阳南路 195 号附近
电话：0886-3636616

Day11

泸水—知子罗—贡山
S228
250 公里，5 小时

建议
上午经匹河乡，沿途能看到当地的匹河飞来石，到达"废城"知子罗，可稍作参观，继续沿 S228 南行，到达福贡，顺便在当地解决午餐，下午过普拉底乡、石月亮乡，到达泸水；时间还多的话可用两天时间从贡山沿贡独线去独龙江游玩。

住宿
古道情缘主题酒店
地址：云南省贡山独龙族怒族自治县石门路 118 号
电话：0886-3066988
价格：标间 180—268 元（免费停车）

美食
贡山茨开路 228 号的大峡谷牛肉馆，推荐清汤牛肉、红烧牛肉。

汽修点
恒丰汽车维修中心
地址：云南省贡山独龙族怒族自治县石门路 66 号
电话：0886-3512203，13988696966

Day12

贡山—丙中洛—察瓦龙
S228—丙察察线
140 公里，5 小时

建议
上午沿 S228 的柏油路面继续与怒江相伴向北，中午赶到丙中洛解决午餐，顺便在当地稍作参观，下午途经秋那桶、松塔村、昌西村等小村落，能欣赏到石门关、怒江第一弯等景点，夜宿察瓦龙。

住宿
四川饭店老陈驿站
地址：西藏自治区林芝市察隅县察瓦龙乡
电话：13518948988（老陈）
价格：标间 128 元起（免费停车）

美食
有饭店供应。

汽修点
可咨询宾馆老板

Day13

察瓦龙—目若—察隅
丙察察线
230 公里，10 小时

建议

早上沿察察线与怒江悬崖相伴而行，翻越横断山脉，经知美、日东、格倒等原始小村庄，到达目若，沿途风光原始而美丽，十分适合拍照欣赏，午餐可在当地的牧民家中借餐或吃干粮应付。下午翻越金拉山口后，能先到沿途的嘎达村欣赏美景，再翻越祈拉山口，过明期，一路沿松参沟向西，开入控档村，沿S201向南开往察隅，时间充足的话还可以开往当地的察隅慈巴沟欣赏风景。

住宿

高登酒店
地址：西藏自治区林芝市察隅县吉太路5号，近人民医院
电话：0894-5666848
价格：大床房280元（免费停车）

美食

贡山　茨开路228号的大峡谷牛肉馆，推荐清汤牛肉、红烧牛肉。

汽修点

平安汽修
地址：西藏自治区林芝市察隅县
电话：17781718575

环驾中国陆地边境线行程与线路

线路全程： 4200 公里
风光指数： ★★★★★
线路难度： ★★★☆☆

行程节点：

察隅—然乌—鲁朗镇—林芝—拉萨—羊湖—江孜—日喀则—定日—吉隆沟—萨嘎—神山圣湖—普兰—札达—土林沟—那木如—噶尔—大红柳滩—三十里营房—叶城—喀什

旅程用时：

行车时间 12 天，此为推荐时间，请根据行程预留 1—2 天

行程安排：

Day14 察隅—然乌
Day15 然乌—鲁朗镇—林芝
Day16 林芝—拉萨
Day17 拉萨—羊湖—江孜—日喀则
Day18 日喀则—定日
Day19 定日—吉隆沟—萨嘎
Day20 萨嘎—神山圣湖—普兰
Day21 普兰—札达
Day22 札达—土林沟—那木如—噶尔
Day23 噶尔—大红柳滩—三十里营房
Day24 三十里营房—叶城
Day25 叶城—喀什

Day14

察隅—然乌
S201
170 公里，3 小时

建议
然乌镇有颗"高原明珠"——然乌湖，湖的北面有著名的来古冰川，湖边是绿草茵茵的草场和绿油油的庄稼，湖边山腰上则是莽莽的森林，再往上是五颜六色的杜鹃花和灌木丛林带，山顶是终年不化、层叠起伏的雪山，夏秋两季美翻了。

住宿
然乌国际自驾房车露营营地
地址：西藏自治区昌都市八宿县然乌镇瓦巴村
电话：15095805561
价格：标间 546 元（免费停车）

美食
然乌镇蓝湖驿站旁的燃木齐藏餐厅有牦牛肉、藏香猪、牛肉饼等当地菜色。

汽修点
然乌汽车维修冷师傅（请直接拨打师傅手机联系修车）
电话：13658959738

Day15

然乌—鲁朗镇—林芝
G318
360 公里，5 小时

建议

沿途可停留鲁朗，欣赏一番颇具"瑞士田园风光"的林海。时间充足的话，雅鲁藏布大峡谷和南迦巴瓦峰的身影，也是值得驻足的。

住宿

嘉措艺术客栈
地址：西藏自治区林芝市八一镇德吉路 189 号，近深圳大道
电话：0894-5826951
价格：标间 100 元（免费停车，停在路边）

美食

林芝鲁朗镇鲁朗街 8 号的鲁朗石锅鸡，推荐松茸手掌参、鲁朗石锅鸡。

汽修点

雄峰汽车修理厂
地址：西藏自治区林芝市巴宜区 318 国道西 50 米
电话：0894-5885666

Day16

林芝—拉萨
林拉公路
400 公里，6 小时

建议
沿途过尼洋河；对宗教文化感兴趣的话，来到拉萨，就一定要看看大昭寺、哲蚌寺、色拉寺等藏传佛教圣地。

住宿
天宜藏润酒店
地址：西藏自治区拉萨市城关区江苏大道中段新东城安居园对面，近西二路
电话：0891-6354615
价格：标间 358 元（含早餐，免费停车）

美食
拉萨扎基东路圣城花园小区门口的旺珍茶馆，镇店之宝：炸土豆+辣椒粉，还有肉饼。饼炸得真的是酥脆，咬一口就掉渣，里面的肉馅很嫩，肉粒饱满。冲赛康巷 14—1—9 号（大昭寺旁）的李金龙牛肉面，面汤又辣又爽！

汽修点
鑫福帝汽修厂
地址：西藏自治区拉萨市夺底南路 4 号
电话：0891-6386011

Day17

拉萨—羊湖—江孜—日喀则
G318—机场高速—G318—S307—S204
355 公里，6 小时

建议

从拉萨沿雅鲁藏布江溯流而上，沿途过羊卓雍措（羊湖），在海拔 4990 米的岗巴拉山口可以俯瞰羊卓雍措，下岗巴拉雪山不远有一段很长的沿湖公路，在此停车驻足，或徒步至湖边，甚至露营湖旁是感受羊卓雍措的最好方式。从羊卓雍措景区出来后，跨越 4330 米的斯米拉山口后就来到了卡若拉冰川的冰舌下；时间充足的话，江孜的满拉水库、宗山古堡都是值得一去的景点。

住宿

达热瓦大酒店
地址：西藏自治区日喀则市珠峰路 15 号，近黑龙江中路
电话：0892-8839888
价格：标间 320 元（含早餐，免费停车）

美食

在日喀则可以品尝到各类藏式美食，像灌肠、青稞酒、酥油茶、手抓肉、凉拌牦牛舌、糌粑、各种糕点，以及甜茶、奶茶、酸奶等，解放北路和珠穆朗玛路一带是藏菜馆的集中地。

汽修点

三鑫进口汽修厂
地址：西藏自治区日喀则市桑珠孜区扎德西路北 50 米
电话：0892-8823935

Day18

日喀则—定日
G318
235 公里，4 小时

建议

定日是去珠峰的必经之地，也是 318 国道到聂拉木前去往尼泊尔的最后一个补给站！要进珠峰国家地质公园，收费是 180 元 / 人，另外进去的车辆收取（环保费）轮胎费，按照车辆轮胎数量，一个轮胎收 100 元。

住宿

君豪宾馆
地址：西藏自治区日喀则市定日县白坝中石油往珠峰方向 200 米
电话：15082122541
价格：标间 248—298 元（免费停车）

美食

酒店内有自营饭馆。

汽修点

万里汽配修理厂
地址：西藏自治区日喀则市定日县 318 国道西 50 米
电话：13659572294

Day19

定日—吉隆沟—萨嘎
G318—X214
290 公里，5 小时

建议

沿途经过佩枯错，还能见到四时之美都不同的吉隆沟。萨嘎属高原山地地形，地势由北向东倾斜，起伏较大，西北有冈底斯山脉，南面有喜马拉雅山脉，常年积雪。萨嘎全县境内有十多个小湖泊，有 6 处地热温泉，其中如角温泉尤为出名，当地群众认为泡温泉对身体好，有时间的话建议去试试。

住宿

共济宾馆
地址：西藏自治区日喀则市萨嘎县人民法院旁边 400 米，G219 国道旁
电话：0892-8913333
价格：标间 300 元（免费停车，停院子里就行）

美食

咨询宾馆前台。

汽修点

咨询宾馆前台。

Day20

萨嘎—神山圣湖—普兰
G219—S207
550 公里，7 小时

建议
沿途过冈底斯山脉，可去朝圣"神山圣湖"：冈仁波齐峰、纳木那尼雪峰、玛旁雍错和拉昂错，神山圣湖联票 200 元。

住宿
交通宾馆
地址：西藏自治区阿里地区普兰县贡嘎路 25 号，好邻居照相馆旁
电话：18889072366
价格：标间 260 元（免费停车）

美食
咨询宾馆前台。

汽修点
远翔汽修厂
地址：西藏自治区阿里地区普兰县贡嘎路 23 号附近
电话：0897-2900992

Day21

普兰—札达
S207—G219—X705
335 公里，5 小时

建议
从巴尔兵站到札达县一路能看到鬼斧神工的札达土林景观。傍晚在札达当地映着落日的余晖，欣赏金黄的古格王国遗址。如果时间充足，还能到札林寺参观。

住宿
土林城堡酒店
地址：西藏自治区阿里地区札达县团结路北段（札达广场旁边），县财政局斜对面
电话：0897-2662888
价格：标间 700 元（含早餐，免费停车）

美食
咨询宾馆前台。

汽修点
小雷汽修汽配部
地址：西藏自治区阿里地区札达县托林镇
电话：0897-2622252

Day22

札达—土林沟—那木如—噶尔
无名路—X701—G219
190公里，4小时

建议

沿土林沟北上离开札达，沿途还是十分独特的土林地貌景观，翻越那不如雪山后，眼前即是一片茫茫的草原美景。途中能解决午餐的地方很少，可以随车携带干粮解决。晚上在狮泉河镇舒舒服服洗个澡，检查好车辆、加满油、采购充足的干粮，好好地休息一晚，准备接下来艰苦的穿越之旅。

住宿

阿里大酒店
地址：西藏自治区阿里地区噶尔县狮泉河路
电话：0897-2666666
价格：标间458—661元（含早餐，免费停车，停在路边就行）

美食

噶尔文化西路南有个风味川菜馆，干净不油腻。狮泉河路和格桑路交界有个"邹腊肉"，味道不错、分量足。

汽修点

正大汽车修理厂
地址：西藏自治区阿里地区噶尔县狮泉河东路2号附近
电话：13908975406

Day23

噶尔—大红柳滩—三十里营房
G219
690 公里，9 小时

建议
行程先后翻越红山达坂（5250 米）、昆仑山、界山达坂（5248 米）、奇台达坂（5100 米）、康西瓦达坂（4800 米）。经日土县，能看到如镜子一般的班公错（中印界湖），可以稍作停留，在湖边欣赏一下湖景。

住宿
顺达宾馆
地址：三十里营房
电话：18509981699
价格：标间 200 元，有早餐供应（免费停车），也可以选择当地的兵站入住，兵站住宿价格一晚在 20—30 元 / 人，每餐约 15 元 / 人，但军队有任务时不开放。

美食
咨询宾馆前台。

汽修点
小镇边缘有饭馆、杂货铺和修车铺。

Day24

三十里营房—叶城
G219
365 公里，5 小时

建议
行程先后翻越黑恰达坂（5300 米）、麻扎达坂（4950 米）、库地达坂（4150 米）、阿喀孜达坂（3160 米）等冰川达坂，沿途村镇稀少，午餐可以吃干粮解决，傍晚赶到叶城用餐下榻。到达叶城后可以参观当地的新疆公路零起点纪念碑，感受当年那些从这里出发，用生命铺就的新疆公路的悲壮历史。

住宿
德隆精品酒店
地址：新疆维吾尔自治区喀什地区叶城县昆仑大道（喀和大道）20 号，县电视台东 80 米，近核桃大道
电话：0998-7223888
价格：豪华双床房 248 元（含早餐，免费停车）

美食
好吃的有烤鸡蛋、伽师瓜等，叶城是石榴之乡，石榴自然不能错过！

汽修点
轿车修配中心
地址：新疆维吾尔自治区喀什地区叶城县喀和中路 58 号
电话：0998-7281128

Day25

叶城—喀什
G315
245 公里，3 小时

建议

穿越戈壁和沙漠公路时，须快速通行，可以的话还是要避免全天中的高温时段为好。喀什，主要景点是一个巴扎、一个清真寺、几个坟墓。所谓一个巴扎就在东大街，原先新疆最大的贸易市场，一个清真寺就是艾提戈尔清真寺，几个坟墓就是香妃墓及一些其他的墓。时间够的话，也可以去逛逛老城区，建议晚上去转转夜市，会有不小的收获哦。

住宿

银瑞林国际大酒店
地址：新疆维吾尔自治区喀什地区建设路 160 号
电话：0998-2912555
价格：标间 315—438 元（含早餐，免费停车）

美食

喀什人民广场西南角的安吉尔餐厅，有烤全羊、羊肉串，喀什的羊肉块切得较厚实，而且放的佐料不多，所以来喀什吃羊肉串是更好的体验。馕坑烤肉是到喀什后绝不能错过的，外脆里嫩，味美可口。

汽修点

伟业汽车修理厂
地址：新疆维吾尔自治区喀什地区慕士塔格东路南 50 米
电话：13139988866

环驾中国陆地边境线行程与线路

线路全程： 3500 公里
风光指数： ★★★★★
线路难度： ★★★☆☆

行程节点：

喀什—阿克苏—库车—那拉提—伊宁—阿拉山口—额敏—吉木乃—喀纳斯湖—禾木乡—布尔津—富蕴—乌鲁木齐

旅程用时：

行车时间 11 天，此为推荐时间，请根据行程预留 1—2 天

行程安排：

Day26 喀什—阿克苏
Day27 阿克苏—库车
Day28 库车—那拉提
Day29 那拉提—伊宁
Day30 伊宁—阿拉山口
Day31 阿拉山口—额敏
Day32 额敏—吉木乃
Day33 吉木乃—喀纳斯湖
Day34 喀纳斯湖—禾木
Day35 禾木—布尔津—富蕴
Day36 富蕴—乌鲁木齐

Day26

喀什—阿克苏
G3012
465 公里，5 小时

建议

从喀什出发，我们会走中国最长的一条东西高速公路 G30（连云港—霍尔果斯），G3012 是它的一条分支。天山托木尔峰南麓有一个温宿大峡谷，和库车大峡谷一样，都属于天山南麓红层大峡谷的地质地貌，它们都是巨型峡谷，地形复杂，大开大阖，和其他同类峡谷相比，更大气壮观。阿克苏自古就是南疆东西贯通的要冲，真正发展起来是在二十世纪五六十年代的兵团建设期，今天，阿克苏的城市风貌已经和中东部城市大体相像，号称"水韵绿洲"，有时间的话，一定要尝尝阿克苏的冰糖心苹果。

住宿

扬子水都连锁宾馆（塔中路店）
地址：新疆维吾尔自治区阿克苏地区塔中路 24 号
电话：0997-4567890
价格：标间 200 元（含早餐，免费停车，电话预订 180 元，会便宜点）

美食

烤包子、拉条子、馓子、油塔子。

汽修点

快特维修服务中心
地址：新疆维吾尔自治区阿克苏地区文化路西段
电话：0997-2622012

Day27

阿克苏—库车
G3012
255 公里，3.5 小时

建议

如果想了解塔克拉玛干的沙漠文化，建议绕道阿拉尔走 G217 国道，沿塔里木河到沙雅，沿途你会看到大片的次生胡杨林，这里也是众多摄影发烧友举"长枪短炮"的地方。G217 国道在浩瀚的沙漠里看起来就像一条细细的黑带，自驾其中感觉特别空旷、梦幻，像进入电影大片场景一样。到库车也不用急于进城，直接去克孜尔千佛洞，它是中国开凿最早的四大石窟之一，从这里可以看到中国文物被西方探险家掠夺的痕迹，也能看到新疆的佛教传播的身影。到了库车，你才会深刻感觉到自己到了南疆，走在老城区，总会有惊喜。库车也是龟兹古国所在地，晚上在库车的大街小巷，都可以吃到新疆最大最好的馕饼，最大的能像小汽车车轮一样大，你还可以试一下就着西瓜吃馕饼的独特口感。

住宿

柏悦精品酒店
地址：新疆维吾尔自治区阿克苏地区库车市五一南路国际社区 17 号楼
电话：0997-7797777
价格：标间 209—298 元（免费停车）

美食

馕坑肉，建议到瑞嘉华府东门右侧 50 米的亚力店品尝。

汽修点

光明修理厂
地址：新疆维吾尔自治区阿克苏地区库车市天河路与英阿瓦提路交会处西北 100 米
电话：13709976090

Day28

库车—那拉提
G217—G218
350 公里，7 小时

建议

行程会来到中国最美的公路——独库公路，途中经过大、小龙池，它们是由雪山融水汇集而成的高山湖泊。玄奘的《大唐西域记》中有对它们的详细描述，在这里你可以拍到最美的山水风光。还有巴音布鲁克的"九曲十八弯"，在日出或日落时分，尤为梦幻。离开开都河沿巩乃斯河向西，就能到达那拉提草原了。

住宿

那拉提欣驿自驾车营地（《自驾地理》认证）
地址：新疆维吾尔自治区伊犁哈萨克自治州新源县那拉提景区东门，近218国道
电话：18194929696
价格：750元起（免费停车）

美食

马肠子、窝窝馕、哈密瓜，当地很多地方都可以品尝到。

汽修点

阿俊汽修
地址：新疆维吾尔自治区伊犁哈萨克自治州新源县218国道南50米
电话：13779134288

Day29

那拉提—伊宁
G218
250 公里，3 小时

建议

沿巩乃斯河继续西行，抵达肖尔布拉克镇，这里就是大名鼎鼎的伊力特酒产区。进入伊犁河谷，沿线风光突变，更为开阔，公路两旁的各种经济作物形成了一幅天然的画卷。伊宁是伊犁州的首府，城内的喀赞其民俗区是以维吾尔族为主的聚居地，在这里你可以体验到最纯粹的维吾尔族风情，吃到最棒的现做冰激凌甜筒，而且这里每家每户都有喝茶、吃点心的漂亮院子，你也可以欣赏和购买到独具特色的艺术品，例如挂毯。

住宿

小时光青年旅社
地址：新疆维吾尔自治区伊犁哈萨克自治州伊宁市伊犁河老街路 158 号
电话：0999-8330977
价格：大床房 128 元（免费停车）

美食

伊宁老八中钱柜 KTV 斜对面友谊餐厅的拌面不错，这家店是正宗的家族式经营，价格不高，还可以无限加面；胜利街巷口的宾馆面肺子，晚上八点以后就不建议大家去了，因为那会儿都卖完了。

汽修点

意林汽车修理厂
地址：新疆维吾尔自治区伊犁哈萨克自治州伊宁市北环路
电话：15599998819

Day30

伊宁—阿拉山口
G3016—G30—S205
310 公里，4 小时

建议

沿途可去农四师 65 团的解忧公主薰衣草园，除了可以欣赏大片的薰衣草外，还可以买到薰衣草制作的各种产品。果子沟，塔勒奇山中的一条峡谷孔道，长约 28 公里，两侧险峻，现在，这里修成了一座世界上最美的大桥——果子沟大桥。走 G30 国道会走一段赛里木湖环湖公路南线，你之前肯定想象不到，在新疆这样的内陆地区，湖边自驾竟能找到海边自驾的感觉。阿拉山口是新疆最早通铁路的口岸，欧亚大陆桥土耳其—西伯利亚铁路与北疆的交汇点，你可以在阿拉山口感受 8 级以上的大风（这座以大风闻名的口岸，最大风力可达 13 级，吹翻一辆小汽车简直再正常不过了）。

住宿

凯旋门商务宾馆
地址：新疆维吾尔自治区博尔塔拉蒙古自治州阿拉山口市准噶尔路汽车站旁，近友好路
电话：0909-6995858
价格：单人间 150 元（免费停车）

美食

阿拉山口市中心别墅区的突玛丽斯美玉饭店，是当地目前唯一一家极具伊斯兰风格的餐厅，有馕坑烤肉、抓饭、薄皮包子、大盘系列等美味菜肴。

汽修点

广林汽车修理
地址：新疆维吾尔自治区博尔塔拉蒙古自治州阿拉山口市准噶尔路 43 号附近
电话：可咨询宾馆前台

Day31

阿拉山口—额敏
S318—S221
220 公里，4 小时

建议
阿拉山口往裕民段为低等级县道，简易铺装路面，且在巴尔鲁克山北麓行车，路况较复杂，注意该路段行车安全。推荐巴克图口岸、伟人山、库鲁斯台草原、巴尔达库尔岩画、亚欧大陆几何中心、喀拉盖巴斯陶、苏拉夏情人谷、野巴旦杏林等景观。

住宿
亚欧酒店
地址：新疆维吾尔自治区塔城地区额敏县塔额路额河商场北侧 500 米，近红花路
电话：0901-3343100
价格：大床房 180 元（含早餐，免费停车）

美食
胡辣羊蹄、椒麻鸡、油塔子、抓饭等，当地饭馆都能吃到。

汽修点
鑫诺汽配维修中心
地址：新疆维吾尔自治区塔城地区额敏县敏丰粮油工贸公司西侧
电话：0901-3340906/3332456

Day32

额敏—吉木乃
G3015—S318—G217—S229
400 公里，7 小时

建议

吉木乃是个因口岸而生的小县城，在历史上因地理位置一直是呼揭、匈奴、柔然、突厥等古代游牧民族的必争之地。天气晴朗时，我们可以看见远处的木斯岛峰（海拔 3885 米），同时吉木乃也是个全疆最干旱的贫水县。有意思的是，吉木乃在哈萨克语里意为"杨树林"，但今天我们在这里已经看不到什么杨树林了。

住宿

冰川国际大酒店
地址：新疆维吾尔自治区阿勒泰地区吉木乃县光明路 1 号，近人民街
电话：0906-7553555
价格：单人间 219 元（含早餐，免费停车）

美食

吉木乃迎宾馆餐厅的沙吾尔焖肉，以大块的羊肉配上土豆块、胡萝卜和洋葱，鲜嫩的羊肉夹杂着汤汁就融化在嘴中，咸香可口，入口时也比一般的肉爽滑可口，再加上当地的哈萨克土豆和胡萝卜，肥而不腻。口岸商店里的哈萨克斯坦食品也很好吃。

汽修点

可咨询酒店前台。

Day33

吉木乃—喀纳斯湖
S229—岔塔段—铁白段—白喀段
280 公里，5 小时

建议

从布尔津前往贾登峪的路上，会经过北疆海岸风景区（托洪台水库北岸），可以看到灯塔、风车、湖，颇有北欧风情，在黑流滩附近有一个俄罗斯村，曾生活过一些在"十月革命"前后逃难来的沙俄贵族。时间充裕的话，可在布尔津多待一天，附近的五彩滩落日很漂亮。传说喀纳斯湖有湖水怪，但这可能只是泛起波浪的白色游船，如果够幸运的话，你站在湖边可以看到跳动的白色——巨型哲罗鲑鱼。喀纳斯河最经典的就是"三湾"：卧龙湾、月亮湾、神仙湾。

住宿

喀纳斯后来小院
地址：喀纳斯老村最后一家也是最靠近喀纳斯湖的一家
电话：18097507221
价格：大床房/标间 260—1200 元（车子都是统一停在景区停车场，开不进去）

美食

客栈有附属餐厅。喀纳斯景区里的餐饮消费很贵，且山上的餐厅较少，所以尽量带足干粮。

汽修点

汽修可咨询客栈老板。

Day34

喀纳斯湖—禾木
铁喀段—S232—X852
100 公里，2 小时

建议

如果说喀纳斯是"神的后花园"，那禾木便是神在后花园的自留地，虽说在喀纳斯任何地方我们都能看见晨雾，但不知为何，禾木的晨雾尤为独特，可能是因为晨雾下有耸立的山峰，大片的白桦林，耷拉着炊烟的图瓦人木屋。而且想象不到的是，在禾木村，还有一座藏传佛教寺院——吉祥善院，这可真是难得一见的人文风景。

住宿

禾木时光里摄影主题客栈
地址：禾木老村禾木大桥下游方向 200 米河边
电话：13786154942
价格：大床房 / 标间 300—980 元（车子都是统一停在景区停车场，开不进去）

美食

客栈有附属餐厅。禾木乡桥头第一家"康氏一绝"牛肉面店也还行。

汽修点

汽修可咨询客栈老板。

Day35

禾木—布尔津—富蕴
X852—S232—S227—G217—S319—G216—S226
430 公里，6.5 小时

建议

今天虽然路途远，但是沿着发源于阿尔泰山北坡，中国唯一流入北冰洋的额尔齐斯河前行，中途不能错过可可托海。在新疆你会发现很多神秘的小镇，但大部分小镇都没有可可托海这样独特，因为这里有可可托海三号矿坑，是一个罕见的大型稀有金属花岗伟晶岩矿床，是地质学界的"天然地质博物馆"。可可托海镇东西北三个方向都有大片的原始森林，镇子十公里远的地方还有一条世界上最完好的地震断裂带，额尔齐斯河刚好从镇中流过，打造了独特的断裂带风景。

住宿

富蕴新华主题酒店
地址：新疆维吾尔自治区阿勒泰地区富蕴县阿勒泰团结南路 20 号（近文化东路），近文化东路
电话：0906-8763333
价格：标间 334 元起（含早餐，免费停车）

美食

富蕴县库额尔齐斯镇步行街君缘食府，有地方菜；文化东路 14 号（新步行街和谐小区商品楼 108 号门面观光电梯下）的品味椒麻鸡。

汽修点

竞杰小车修配厂
地址：新疆维吾尔自治区阿勒泰地区富蕴县迎宾东路南 200 米
电话：0906-8797476

Day36

富蕴—乌鲁木齐
S226—G216
475 公里，6 小时

建议

当地名出现两个以上的"魔鬼城""五彩湾"时，你定会觉得当地人的想象力是如此匮乏。今天走 G216。我们在途中遇见一大片丘陵地形——五彩湾，由风蚀地貌组成的高低不等山丘，起伏于茫茫戈壁荒漠中，色彩缤纷。五彩湾的核心就是五彩城，只有鬼斧神工的土石，其他什么都没有，适合拍日出日落。李安的《卧虎藏龙》里，罗小虎把玉娇龙藏起来的那片五彩斑斓的石丘就在这里。

住宿

嬉游客栈
地址：新疆维吾尔自治区乌鲁木齐市水磨沟区南湖东路北六巷
电话：13999277969
价格：标间 339—439 元

美食

客栈有免费营养自助早餐，雅致清幽的午餐/晚餐（西餐西点、咖啡茶饮、美食下午茶），正宗回民风味拌面馆——正午食间，为住客提供多种美食选择。

汽修点

金福祥汽车维修有限公司
地址：新疆维吾尔自治区乌鲁木齐市水磨沟区南湖东路北五巷 88 号
电话：0991-4667736

环驾中国陆地边境线行程与线路

线路全程： 4200 公里

风光指数： ★★★★☆

线路难度： ★★★☆☆

行程节点：

乌鲁木齐—吐鲁番—哈密—额济纳—巴彦淖尔—呼和浩特—二连浩特—锡林浩特—乌里雅斯太—阿尔山—新巴尔虎右旗—满洲里

旅程用时：

行车时间 9 天，此为推荐时间，请根据行程预留 1—2 天

行程安排：

Day37 乌鲁木齐—吐鲁番—哈密

Day38 哈密—额济纳

Day39 额济纳—巴彦淖尔

Day40 巴彦淖尔—呼和浩特

Day41 呼和浩特—二连浩特

Day42 二连浩特—锡林浩特

Day43 锡林浩特—乌里雅斯太

Day44 乌里雅斯太—阿尔山

Day45 阿尔山—新巴尔虎右旗—满洲里

Day37

乌鲁木齐—吐鲁番—哈密
G7
600 公里，7 小时

建议

今天出城不远便是传说中西王母的瑶池——天池，它就在博格达山北坡的博格达峰上。看完天池，还有黑龙潭、西小天池、灯杆山、马牙山石林等可顺道一观。如果有更多时间，过吐鲁番时，可去参观交河故城、高昌故城，去体验一下唐朝安西都护府的规模和当年的军事规格。在路上你就能看见火焰山了，要下车的话，注意防晒。哈密的繁华热闹与之前经过的县城都不同，从雪山草原到大漠戈壁，在这里你看到的更多是土黄色，你可以去奇石市场淘下石头，看看会不会中奖，顺便吃两口糖分十足的哈密瓜，回到中原就吃不到这么纯正的啦。

住宿

锦江科技精品酒店
地址：新疆维吾尔自治区哈密市融祥南路 11 号
电话：0902-7178999
价格：标间 328 元（含自助早餐 2 份，免费停车）

美食

烤全羊、大盘鸡、羊肉焖饼子、拉条子，哈密美食老店主要集中在大十字商业街，是民族餐厅一条街，有比较地道的新疆美食。破烂街附近以及胜利路夜市，也有比较多的小吃。同时推荐民族餐厅——霓鲁法以及四十九丸子汤等。

汽修点

小闫汽车电器专修中心
地址：新疆维吾尔自治区哈密市伊州区前进东路红星医院 2 区底商
电话：13119022224

Day38

哈密—额济纳
G7
680 公里，7.5 小时

建议

今天我们要走的是世界上最长的沙漠公路 G7 京新高速公路（北京—哈密），而且是最美最大气的一段，沿途穿行于沙漠中，就像是跨进了公路电影一般，一边自驾，一边欣赏沙漠的日出和日落。在进入额济纳旗城区之前，我们不妨先去巴丹吉林沙漠的西北边缘因居延海汇入而形成的两大湖泊，居延海边便是胡杨林的故乡，虽然此时树叶未黄，但胡杨坚韧的精神，还是可以膜拜一下的。最后还有时间的话，可以去参观黑水城遗址，来一场探秘，寻找一下当年西夏文明的残砖断瓦，看能不能淘到宝贝。

住宿

陶来假日酒店
地址：内蒙古自治区阿拉善盟额济纳旗达来呼布镇居延东街以北、滨河路以西
电话：0483-2246888
价格：标间 388 元（含早餐，免费停车）

美食

扒驼掌、沙葱，当地餐馆都能吃到。

汽修点

兄弟汽修
地址：内蒙古自治区阿拉善盟额济纳旗胡杨街北 50 米
电话：13948061049
营业时间：8：00—23：00

Day39

额济纳—巴彦淖尔
G7
670 公里，7.5 小时

建议
这段路略长，如果途中想休息，可在中途下高速沿 S312 省道的西面到乌力吉苏木休息，顺便加个油。

住宿
塞北振宇酒店
地址：内蒙古自治区巴彦淖尔市临河区胜利南路 98 号，近新华街
电话：0478-8911111
价格：标间 168 元（含早餐，免费停车）

美食
焖面、猪肉烩酸菜、猪肉勾鸡、河套蜜瓜。巴彦淖尔市临河区胜利路沿线是目前全市最为集中的商业区域，餐饮场所也多集中于此。

汽修点
恒普汽修厂
地址：内蒙古自治区巴彦淖尔市临河区光明街与向阳路交叉口东 50 米
电话：0478-8218577

Day40

巴彦淖尔—呼和浩特
G6
420 公里，4.5 小时

建议
呼和浩特有各种召庙（蒙古族藏传佛教教的寺庙）50 多座，城郊有不少风光秀丽的草原旅游点。大黑河南岸有一座传颂古今的西汉古墓——昭君墓，还有"塞外西湖"之称的哈素海与蒙古风情街相连的伊斯兰风情街，时间充足的话可以慢慢玩。

住宿
尚华精品酒店
地址：内蒙古自治区呼和浩特市新城区锡林北路 50 号，近新华广场
电话：0471-3379999
价格：标间 169 元（早餐 20 元 / 人，免费停车）

美食
呼和浩特回民区宽巷子 13 号的清真玉林老字号烧麦馆，有煎烧麦、牛舌焙子、羊杂碎；大北街四眼井巷东侧的老削面馆，有刀削煎肉面、过油肉土豆片、滑熘里脊、熘丸子、酿皮。

汽修点
首信进口汽车修理厂
地址：内蒙古自治区呼和浩特市新城区锡林北路 46 号巴彦塔拉院内
电话：0471-6285577

Day41

呼和浩特—二连浩特
G101—G55—G208
390 公里，6 小时

建议

二连浩特是世界著名的恐龙化石产地，也是中国最早发现恐龙蛋的地方。它是和蒙古国接壤的重要通关口岸，也许当地的恐龙公园有点无聊，但是公园附近的盐湖景色还可以。

住宿

馨悦大酒店
地址：内蒙古自治区锡林郭勒盟二连浩特市肯特街公安局办证大厅西 150 米，近 G208 国道
电话：18804799533
价格：标间 168 元（免费停车）

美食

二连浩特锡林街与团结路交叉口北 150 米的锡林河饭店，是当地很有名气的蒙古餐饭店，卖牛羊肉为主，有干锅花菜、羊肉馅饼、红焖羊肉、羔羊排等。

汽修点

万里行修配
地址：内蒙古自治区锡林郭勒盟二连浩特市恐龙大街广源小区东南 150 米
电话：15247858878

Day42

二连浩特—锡林浩特
G309—S101
350 公里，6 小时

建议
锡林浩特拥有全国第一个草地类自然保护区——锡林郭勒草原国家级自然保护区，全国最大的自然植物园——辉腾锡勒天然植物园，最大的天然湖泊——扎格斯太淖尔。锡林浩特还是一个蒙古、汉、回、满等 17 个民族聚居的地方，民族风情浓郁。

住宿
内蒙古玖苑国际饭店
地址：内蒙古自治区锡林郭勒盟锡林浩特市锡林大街 88 号，近滨河路
电话：0479-6938888
价格：标间 340 元起（含早餐，免费停车）

美食
锡林浩特察哈尔街气象局对面的鲜羔楼，以火锅为主；锡林大街影剧院斜对面的乡土居铁锅焖面，主打内蒙古菜。

汽修点
广仁汽配修理厂
地址：内蒙古自治区锡林郭勒盟锡林浩特市荣华苑 11 号楼
电话：13604794991

Day43

锡林浩特—乌里雅斯太
S101
240 公里，4 小时

建议
乌里雅斯太镇是一个以蒙古族为主体，汉、回、满等多个民族聚居的边陲小镇，水草丰美、资源丰富，盛产乌珠穆沁优质牧草，是"天下第一羊"的原产地，边境草原风光不容错过。

住宿
正大宾馆
地址：内蒙古自治区锡林郭勒盟东乌珠穆沁旗乌里雅斯太镇阿拉坦合力街路北
电话：0479-3228899
价格：标间 122 元（免费停车）

美食
可咨询宾馆老板。

汽修点
可咨询宾馆老板。

Day44

乌里雅斯太—阿尔山
S101—S303—S203—X913
410 公里，7 小时

建议

春夏秋冬任一季节闯进阿尔山，这里都不缺乏优美如画的风景：阿尔山国家森林公园汇聚了各种美丽的自然风光，驼峰岭天池犹如天空之镜；杜鹃湖畔遍布杜鹃花，盛放季节灿烂迷人；石塘林则是由火山喷发后岩浆流淌凝成的千姿百态的石林组成，有的如指天利剑，有的像威武雄狮；还有堪称全国最美的火车站阿尔山火车站，小小的站台承载着历史的印记，清新的建筑风格让人忘记了旅途的劳累，是来到阿尔山不能错过的观光景点之一。

住宿

丽泽氧吧度假村
地址：内蒙古自治区兴安盟阿尔山市河西别墅区（客运站西 200 米）
电话：0482-7885678
价格：标间 350 元（含早餐，免费停车）

美食

奶茶、手把肉、金莲花鸡片、烹老头鱼等。需要注意的是阿尔山市很多餐馆都没有菜单，所以一定要问清楚菜价再点。

汽修点

太平汽车修理厂
地址：内蒙古自治区兴安盟阿尔山市温泉街道客运站后院
电话：15804837005

Day45

阿尔山—新巴尔虎右旗—满洲里
S203
440 公里，7 小时

建议

满洲里是一座独领中、俄、蒙古三国风情，中西文化交融的口岸城市，旅游资源丰富。境内的我国国门和中俄互市贸易区是必游之地，还有草原风光、蒙古族风情、边境异国情调，以及面积列全国第五的淡水湖呼伦湖，都是吸引游客的亮点。

住宿

满洲里安加尔青年旅舍
地址：内蒙古自治区呼伦贝尔市满洲里市四道街满购中心南门对面
电话：18504808054（包先生）
价格：床位 30—60 元，标间 80—300 元，蒙式俄式特色房 100—700 元（免费停车）

美食

满洲里中苏街的贝加尔湖西餐厅，值得去试一下俄式西餐；青旅隔壁的布里亚特蒙式餐厅也不错，毕竟内蒙古的羊肉是举世闻名的好吃。

汽修点

振兴汽配维修中心
地址：内蒙古自治区呼伦贝尔市满洲里市华埠大街与水源路交叉口东 100 米
电话：0470-6230266

环驾中国陆地边境线行程与线路

线路全程：5600 公里
风光指数：★★★★☆
线路难度：★★☆☆☆

行程节点：

满洲里—黑山头—额尔古纳—漠河—北极村—呼玛—黑河—嘉荫—富锦—抚远—虎林—绥芬河—珲春—长白山—丹东—大连—葫芦岛—秦皇岛—天津

旅程用时：

行车时间 15 天，此为推荐时间，请根据行程预留 1—2 天

行程安排：

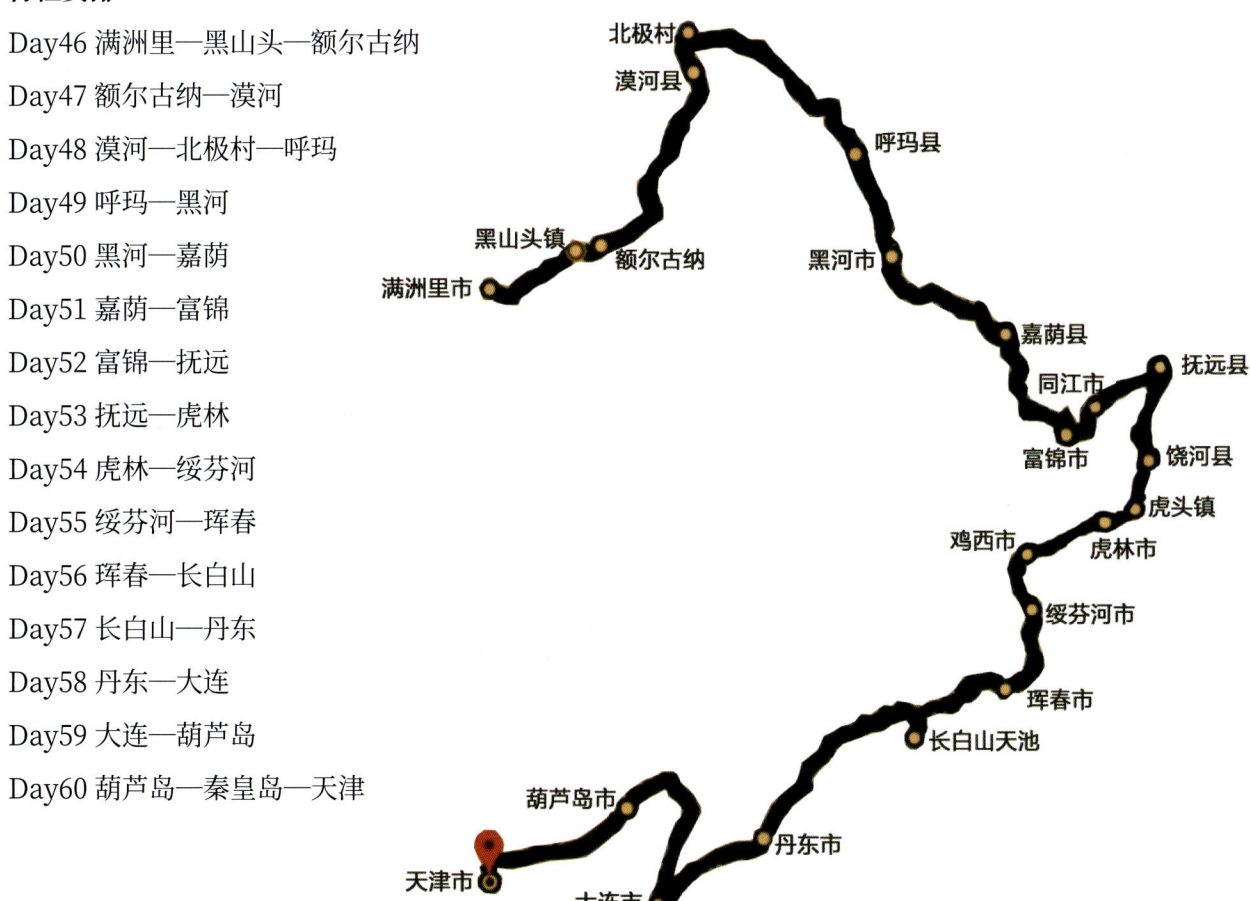

Day46 满洲里—黑山头—额尔古纳
Day47 额尔古纳—漠河
Day48 漠河—北极村—呼玛
Day49 呼玛—黑河
Day50 黑河—嘉荫
Day51 嘉荫—富锦
Day52 富锦—抚远
Day53 抚远—虎林
Day54 虎林—绥芬河
Day55 绥芬河—珲春
Day56 珲春—长白山
Day57 长白山—丹东
Day58 丹东—大连
Day59 大连—葫芦岛
Day60 葫芦岛—秦皇岛—天津

Day46

满洲里—黑山头—额尔古纳
海满一级公路—X904—S301
255 公里，4 小时

建议
路过黑山头镇，可驻足游玩一番，这是一个呼伦贝尔大草原上的驿站，以在华俄罗斯裔与俄罗斯族为主体、汉族占多数的多民族居住区，西北部与俄罗斯普里阿尔贡斯克区隔额尔古纳河相望。1689 年，《中俄尼布楚条约》签定后，清政府在额尔古纳河设置卡伦（哨所），其中三卡、四卡、五卡、六卡均在黑山头境内。现在，黑山头口岸为国家一类陆路口岸。

住宿
风情源饭店
地址：内蒙古自治区呼伦贝尔市额尔古纳市拉布大林哈撒尔路 359 号，近奋斗路
电话：0470-6829955；0470-6829966
价格：标间 316 元（含早餐，免费停车）

美食
额尔古纳巴尔虎饭店的涮羊肉、烤羊扒好吃；还有当地的"列巴"（面包）、野果酱、酸黄瓜、"西米丹"、格瓦斯（饮料）、奶茶，都值得一试。

汽修点
至顺汽车修理部
地址：内蒙古自治区呼伦贝尔市额尔古纳市 201 省道西 150 米
电话：13088521630；18604701630

Day47

额尔古纳—漠河
S301—X324—Z040
470 公里，8 小时

建议

游览漠河，"找北"是最大意义所在。北极村内各种以北命名的景点会让你不亦乐乎，而北红村原汁原味，是真正意义上的最北村落。在去北红村的路上，会路过乌苏里浅滩和龙江第一湾，这两处与俄罗斯隔江相望，游览过了这些景点，漠河的精华算是遍览无遗了。

住宿

红金鼎大酒店
地址：黑龙江省大兴安岭地区漠河市振兴路 32 号，近潮林路
电话：0457-2865555
价格：单人间 258 元（含早餐，免费停车）

美食

漠河北极村长滨路（卫生院对面）的北来顺农家饭庄，有狗鱼、家常豆腐、小鸡炖蘑菇等当地特色菜。

汽修点

腾达汽车修配厂
地址：黑龙江省大兴安岭地区漠河市加漠公路与商贸街交叉口南 100 米
电话：15245765666

Day48

漠河—北极村—呼玛
S207—S209
555 公里，8 小时

建议
呼玛县因呼玛河得名，砂金、煤等矿藏丰富，砂金开发历史悠久，自古有"黑水镶边、黄金铺路"之称，境内森林覆盖率高，旅游资源丰富，有呼玛河河口大桥风景区、呼玛河口景区、迎门碰子景区、察哈彦风景区、白银纳鄂伦春民族风情园、画山景区、三卡江湾风景区等旅游观光景点。

住宿
鹏程假日酒店
地址：黑龙江省大兴安岭地区呼玛县长征街58号，近新华路
电话：0457-3513666
价格：大床房198元（免费停车）

美食
呼玛佳兴小区107室的香辣坊火锅；长虹路邮政局对面的六福烤肉。

汽修点
宏达汽车维修中心
地址：黑龙江省大兴安岭地区呼玛县新华路与长征街交叉口西南150米
电话：0457-3566668

Day49

呼玛—黑河
S209
230 公里，4 小时

建议
黑河是中国首批沿边开放城市，是中国北方重要边境贸易中心，是连接中俄的纽带，风光绝美。著名的五大连池、小兴安岭都在黑河地区，晚清的不平等条约《瑷珲条约》就是在这里签订的。

住宿
永利商务酒店
地址：黑龙江省黑河市兴林街 223 号，近邮政路
电话：0456-8601111
价格：单人间 228 元（免费停车）

美食
豆瓣原汁大马哈鱼、拌生鱼、苏波汤等。

汽修点
福泰汽车维修中心
地址：黑龙江省黑河市爱辉区东兴路 53 号老皮革厂院内
电话：0456-8997777；18645655555

Day50

黑河—嘉荫
S311
360 公里，5 小时

建议

早在清末，嘉荫的乌拉嘎金矿就闻名遐迩，当地的景点有恐龙国家地质公园、茅兰沟国家森林公园、太平岛度假村、高升滩天然浴场、永安东湖景区、鄂伦春民族村、白山头旅游疗养度假村等。

住宿

小资假日宾馆
地址：黑龙江省伊春市嘉荫县新城街 164 号，近育新路
电话：0458-2661333
价格：大床房 249 元（免费停车）

美食

清蒸猪肚、干豆角丝炒肉、琥珀牛肉、江鱼等。

汽修点

顺鑫汽车修配厂
地址：黑龙江省伊春市嘉荫县尚志中街与满洲龙路交叉口南 150 米
电话：0458-2644666

Day51

嘉荫—富锦
S312—S205—S306
340 公里，5 小时

建议

富锦是三江平原腹地的中心城市，松花江流经境内 80 公里，使富锦港成为天然深水良港，历史上富锦港曾是中国对苏联通商的唯一内河口岸。富锦国家湿地公园内栖息有丹顶鹤、东方白鹳、白头鹤、白枕鹤、大天鹅和白琵鹭等众多野生动物，另外富锦还有七星河、三环湖等休闲景点。

住宿

今适精品商务酒店
地址：黑龙江省佳木斯市富锦市中央大街 270 号，近向阳路
电话：0454-2339777
价格：大床房 169 元（含早餐，免费停车）

美食

可咨询宾馆老板。

汽修点

二林汽车修理
地址：黑龙江省佳木斯市富锦市中央大街与向阳路交叉口秀水茗苑底商
电话：15946574752

Day52

富锦—抚远
G1011—G010—S313—S210
265 公里，3 小时

建议
抚远地处黑龙江、乌苏里江交汇的三角地带，有最早将太阳迎进祖国的乌苏镇（中国最小的镇）、历史悠久的金明文化遗址、神秘的沼泽景观。

住宿
雅禾商务宾馆
地址：黑龙江省佳木斯市抚远市迎宾路 184 号，近向阳路
电话：0454-2152000
价格：大床房 198 元（含早餐，免费停车）

美食
抚远寒海公路的地方大锅台，有铁锅炖鱼等特色菜品。

汽修点
海龙汽修
地址：黑龙江省佳木斯市抚远市迎宾路与黄河路交叉口
电话：13945400159

Day53

抚远—虎林
S210—S14—S211—S309
420 公里，6 小时

建议
虎林市因境内的七虎林河而得名，以乌苏里江为界与俄罗斯隔水相望，交通便利，有边境口岸，建有中俄边界上最大的永久性界河大桥；虎林历史悠久，古为肃慎地，是赫哲族世居地，境内自然资源丰富而独特，有珍宝岛湿地风景区，神顶峰风景区，二战终结地之虎头要塞遗址。

住宿
虎林宾馆
地址：黑龙江省鸡西市虎林市解放西路 17 号，近虎林站
电话：0467-5823188
价格：大床房 178 元（免费停车）

美食
可咨询宾馆老板。

汽修点
瑞丰轿车精修行
地址：黑龙江省鸡西市虎林市晨光路与解放西街交叉口西 100 米
电话：0467-5826766

2018 年　最初的攻略

Day54

虎林—绥芬河
S309—鸡虎高速—S206—G301
345 公里，4.5 小时

建议
绥芬河是一座风光秀丽的边境山城，东与俄罗斯滨海边疆区接壤，来绥芬河能感受到浓郁的俄罗斯风情，同时，绥芬河国家森林公园、建新村出土文物遗址等景点也让这里更加迷人。

住宿
旭升国际商务酒店
地址：黑龙江省牡丹江市绥芬河市文化街 132 号，近中心广场
电话：0453-3993200
价格：单间 181 元（含早餐，免费停车）

美食
绥芬河通亚街青山路交会处马克西姆大厦的马克西姆餐厅，有俄罗斯菜。

汽修点
兴旺汽车修配厂
地址：黑龙江省牡丹江市绥芬河市时代广场二期老交警队东
电话：13194534599

Day55

绥芬河—珲春
G301—S206—S201
280 公里，4 小时

建议
珲春是中国从海路到达韩国东海岸、日本西海岸乃至北美、北欧的最近点，也是吉林省距出海口最近的城市。珲春的防川朝鲜族村落是我国唯一与朝鲜、俄罗斯三国交界处，有望海阁、被誉为"东方第一哨"的防川哨所、土字牌（中俄边界清勘界碑）、张鼓峰、沙丘公园、莲花湖、敬信野生玫瑰繁育基地等景点，是度假旅游的好去处。

住宿
名门酒店
地址：吉林省延边朝鲜自治州珲春市口岸大路 978 号，近迎春街
电话：0433-7510333
价格：大床房 207 元（含早餐，免费停车）

美食
珲春市珲春西街 2194 号的春子狗肉馆，有狗肉火锅；龙源西街 1440 号的全州拌饭，有朝鲜料理。

汽修点
博通汽修
地址：吉林省延边朝鲜自治州珲春市珲春西街 2245 号附近
电话：15834930678

Day56

珲春—长白山
S12—S202—X1110—X122
340 公里，5 小时

建议
我国游客进入长白山游览，可以选择从南、西、北三个坡出发，因为东坡在朝鲜境内。三个坡的沿途景色也有很多不同，天池更是众多游客必游之地。

住宿
沃尔斯宾馆
地址：吉林省长白山保护开发区管理委员会池西区旅游集散服务中心
电话：0439-5012999
价格：大床房 489 元（含早餐，免费停车）

美食
当地朝鲜族的冷面、拌饭、烤肉、辣白菜、狗肉、米肠、打糕等味道正宗；山野菜和灶台菜等东北风味的美食，只能在长白山附近的餐馆才能吃到。

汽修点
车福星汽修
地址：吉林省白山市抚松县松山街西 150 米
电话：15944946445

Day57

长白山—丹东
G201—G11
570 公里，7 小时

建议

丹东的景点主要集中在鸭绿江沿岸，郊区有凤凰山、黄椅山、虎山、天华山等景点；每到秋天，丹东境内漫山遍野、如火如荼的红叶便引得游人纷至沓来。此外，丰富的地热资源也使得丹东成了东北著名的温泉疗养胜地。

住宿

中联大酒店
地址：辽宁省丹东市振兴区滨江中路 62 号，近鸭绿江断桥，距火车站车程 3 分钟
电话：0415-2333333
价格：大床房 280 元（含早餐，免费停车）

美食

丹东振兴区沿江开发区 C 区 26 号的三千里，可以吃烧烤；沿江开发区 G 区 47 号楼的高丽馆，有朝鲜冷面、烤肉、泡菜、石锅拌饭等朝鲜料理。

汽修点

丹东市委汽车修配厂
地址：辽宁省丹东市振兴区九纬路 83 号
电话：0415-2126159

Day58

丹东—大连
G11
305 公里，3.5 小时

建议

大连的滨海路、星海广场、金石滩、圣亚海洋世界、蛇岛、鸟岛、棒棰岛等风景区不胜枚举，旅顺口炮台让我们回望过去，中山广场带我们走向世界。

住宿

渤海明珠酒店
地址：辽宁省大连市中山区胜利广场 8 号，火车站近大连商业街
电话：0411-88128888
价格：大床房 356 元（含早餐，免费停车）

美食

大连中山区北斗街 46 号二七广场内（近鲁迅路）的品海楼，有扇贝、毛蚶、馒头、全家福、飞蟹等海鲜菜品；中山区友好路友好大厦对面胡同内（近友好广场）的大梁骨头馆，有干锅佛跳墙、蛎羹汤、肥牛麻辣烫、炸海蛎等特色菜品。

汽修点

新光大汽车维修服务中心
地址：辽宁省大连市中山区正阳街 3-1 号
电话：0411-85828182；0411-82811528

Day59

大连—葫芦岛
G15—G16—G1
425 公里，5 小时

建议

辽西第一高楼"滨海金融中心"就坐落于葫芦岛，葫芦岛素有"关外第一市"之称，有驰名海内外的水上长城——九门口长城、国内目前保存最完整的一座明代古城——兴城古城、长约 1.5 公里的天然海滩——海滨风景区、渤海湾中第二大的岛屿——觉华岛、保存着较为原生态的海滨风光——东戴河等风光。

住宿

东方丽都酒店
地址：辽宁省葫芦岛市海星路 19 号，市委东行 100 米
电话：0429-2098888
价格：标间 254 元（含早餐，免费停车）

美食

葫芦岛连山大街与红星路交会口（新兴医院对面）的海王府海鲜饺子；在老区连山区的民安步行街，当地的美食和小吃都能一一吃到。

汽修点

新跃汽车修配厂
地址：辽宁省葫芦岛市龙港区龙湾大街与海日路路口东 200 米
电话：13998970505；15566697677

Day60

葫芦岛—秦皇岛—天津
G1—S1
410 公里，5 小时

建议
秦皇岛旅游资源丰富，著名的山海关、北戴河就在这里，可驻足游玩。天津市区景点较为集中，五大道、意式风情街可见各式洋楼，海河夜景值得观赏，"天津之眼"摩天轮、望海楼教堂和可开启的铁桥——解放桥也值得驻足。

住宿
利豪酒店
地址：天津市河东区成林道与泰兴南路交口北侧摩犽街区旁
电话：022-84538888
价格：标间 276 元（含早餐，免费停车）

美食
天津河东区成林道 212 号（昆仑小区立交桥下）的一品盛宴：罾蹦鲤鱼、爆三样、八大碗、煎饼馃子、嘎巴菜；煎饼馃子等小吃很多地方都有，可以就近选个小摊品尝。

汽修点
吉亨汽修
地址：天津市河东区成林道 97 号（近河东万达）
电话：022-84520880

环驾中国陆地边境线行程与线路

线路全程： 3800 公里
风光指数： ★★★☆☆
线路难度： ★★☆☆☆

行程节点：

天津—济南—烟台—威海—青岛—连云港—上海—舟山—温州—霞浦—福州—泉州—厦门—汕头—汕尾—深圳

旅程用时：

行车时间 11 天，此为推荐时间，请根据行程预留 1—2 天

行程安排：

Day61 天津—济南
Day62 济南—烟台—威海
Day63 威海—青岛
Day64 青岛—连云港
Day65 连云港—上海
Day66 上海—舟山
Day67 舟山—温州
Day68 温州—霞浦—福州
Day69 福州—泉州—厦门
Day70 厦门—汕头
Day71 汕头—汕尾—深圳

Day61

天津—济南
G2501—G2—G2001
385 公里，4 小时

建议
说到济南，没有人不想起趵突泉。围着护城河走一圈，基本一日就能逛完济南主要景点。此外，济南市郊的景点主要集中在南部，尤以千佛山为重点。当然，位居五岳之首的泰山虽不在济南市区，但距千佛山只有一小时车程，时间充足的话，也是非常值得打卡之地。

住宿
山东国际饭店
地址：山东省济南市历下区解放路 134 号，济南市中心医院对面、东临赛博数码广场
电话：0531-67868888
价格：标间 256 元（含早餐，免费停车）

美食
济南历下区共青团路 56 号的春江饭店，经典鲁菜馆子，国营氛围浓重，毛主席当年来济南就在此吃过鲁菜，菜品的风味和质量绝对不减当年；历下区趵突泉北路 12 号三联大厦 11 楼的闫府私房菜，有闫府第一福、九转大肠、葱烧蹄筋、松鼠鱼、糖醋鲤鱼、滑炒里脊丝、老味茄子等当地菜。

汽修点
宇城汽修
地址：山东省济南市历下区历山路 95 号
电话：0531-86971195

Day62

济南—烟台—威海
G20—S16—G15—G18
520 公里，6 小时

建议

威海三面环海，一面背山，也就是常说的"依山傍海"，海岸线长近 1000 公里，沿线海水清澈，松林成片，海鸟翔集，有 30 多处港湾、168 个大小岛屿。中心城区的威海国际海水浴场、乳山市的银滩都属于中国北方有名的海滩，有时间值得一览。

住宿

无花果海岸精品客栈（威海畅海花园店）
地址：山东省威海市环翠区北环海路 198 号，高区国际海水浴场林海公园北门西 500 米
电话：0631-5678965
价格：标间 300 元（早餐 15 元/人，免费停车）

美食

威海经开区青岛中路与华夏路交叉口的真利味，推荐脊骨锅，脊骨的肉香，海鲜的鲜香，辣酱的辣香，三种口味混合成一体，咬上一口香气在口腔中四溢开来；韩国美食街 47-6 号的正家木炭烤肉，推荐特色秘制牛仔骨。

汽修点

大伟汽车电器修理
地址：山东省威海市环翠区威海高区文化西路 193-7d7 网点
电话：0631-5671367；15666095556

Day63

威海—青岛
G203—S24—S19—G20
265 公里，3 小时

建议

古语有云："泰山虽云高，不如东海崂。"说的就是崂山。崂山景区主要包括巨峰（崂山顶峰）、流清（乘车观海佳地）、太清（崂山最著名的道观所在地）、棋盘石（佛教特色）、仰口（海滨度假胜地）、北九水（山水结合的峡谷风貌）、华楼（花岗岩叠石风貌）几个游览区，可自行选择喜欢的地方玩。青岛市内的"万国建筑博物馆"——八大关也值得一览。

住宿

108 度禅意空间度假酒店（《自驾地理》认证）
地址：山东省青岛市崂山区北九水观崂村 156 号，近崂山景区旅游专用路
电话：18561836625
价格：标间 480 元（含早餐，免费停车）

美食

青岛市南区江西路 113 号乙（漳州路与江西路交界）的开海红岛海鲜虾水饺店，有辣炒蛤蜊、鲅鱼水饺等。

汽修点

可咨询酒店前台。

Day64

青岛—连云港
G22—G15—G25
255 公里，3 小时

建议
连云港古迹较为丰富，海（连岛海滨浴场）、古（海州古城）、神（花果山）、幽（宿城）、奇（渔湾）、泉（东海温泉）集于一身，值得注意的是，连云港的景点多分布在县市周边区域，相对较散，建议提前做好出行准备。

住宿
丽枫酒店
地址：江苏省连云港市海州区康泰南路 51 号，中医院东临，临朝阳中路
电话：0518-81780999
价格：标间 246—276 元（早餐 18 元/人，免费停车）

美食
连云港市海州区南小区健康路 80 号楼的香园饭店，有铜蟹（梭子蟹）、小鱼煎饼、豆丹等。

汽修点
双众汽修
地址：江苏省连云港市海州区南极南路与玉河路交叉口南 50 米
电话：15061328868

Day65

连云港—上海
G15—S5
480 公里，5 小时

建议
到上海，你永远不会觉得无事可做，你可以到外滩尽情感受夜的风情；去徐汇区的天平路和湖南路找最漂亮的老洋房；在老上海的里弄感受历史的沉淀；或者彻底小资一把，去衡山路酒吧街对饮狂欢；去1933老厂房这些艺术仓库看看中西混搭的艺术魅力。最后，千万别忘了登上东方明珠，放眼看看这个国际化的大都市。

住宿
花钿·水岸精品民宿
地址：上海市浦东新区川沙新镇普庆路 471 号，近高桥路
电话：021-58985618
价格：家庭房 528 元（含早餐，免费停车）

美食
上海黄浦区黄河路 97 号 1-3 楼（近凤阳路）的小杨生煎；黄埔豫园九曲桥旁的绿波廊，是沪上著名的百年老店，这里的点心堪称一绝，桂花拉糕、眉毛酥等特色点心不可错过。

汽修点
新飞汽车快修
地址：上海市浦东新区源深路 828 号
电话：021-50810802

Day66

上海—舟山
G60—G92—G9211
290 公里，3.5 小时

建议

到海天佛国普陀山的大多数游客都是为祈福而来，拜一拜壮观的观音像的同时，选个风和日丽的午后，去百步沙踏浪，去紫竹林看看传说中当年观音修道的地方，最后再到洛迦山一游才算是完整的普陀之旅。

住宿

紫荆阁宾馆
地址：浙江省舟山市普陀区沈家门新街188号，近东河路
电话：0580-3089777
价格：标间199元（含早餐，免费停车）

美食

舟山渔场是我国最大的渔场，饮食方面自然以海鲜为特色，烹饪的主要特点为清蒸、酱渍、盐渍、风干、生吃，主要名菜有目鱼大烤、盐焗基围虾、葱油海瓜子、烟熏鲳鱼、芹菜炒鳗丝等。推荐沈家门街道渔市大街129号网点的郑家海鲜排档，另外沈家门渔港滨港路上有多家海鲜夜排档可任君选择。

汽修点

小二汽车快修
地址：浙江省舟山市普陀区鲁川路212号
电话：13665816573

Day67

舟山—温州
G9211—G1501—G15
355 公里，4 小时

建议
有时间的话，建议去温州乐清境内的雁荡山，"山顶有湖，芦苇丛生，秋雁宿之"，故而山以鸟名。

住宿
悠享精品酒店
地址：浙江省温州市洞头区霞晖大道 294 号，近复兴路
电话：0577-59387366
价格：标间 259 元（含早餐，免费停车）

美食
温州的美食都以鲜美、清淡、典雅著称，特色菜有三丝敲鱼、锦绣鱼丝、爆墨鱼花、蒜子鱼皮、炸熘黄鱼、矮人松糕等。

汽修点
宝泰汽车修理厂
地址：浙江省温州市洞头区鸽梅线
电话：0577-63485789

Day68

温州—霞浦—福州
G15—G1501
330 公里，4 小时

建议

路过霞浦可稍作停留，因为霞浦滩涂可是摄影师必打卡之地。福州是有名的"榕城"，全城遍植高耸的榕树，又名"三山"，于山、乌山、屏山三山鼎立，美丽的自然风光一览无余。狭长斑驳的古旧巷陌、香火悠然的百年古寺、散落城中的名人故居等，都透露出福州老城的厚重文化和福州人淡然宁静的生活气息。

住宿

奥体商务酒店
地址：福建省福州市鼓楼区五四北路 310 号，省体育中心内
电话：0591-88333999
价格：标间 289 元（含早餐，免费停车）

美食

福州市鼓楼区澳门路 3 号的同利肉燕老铺，有鱼丸、肉燕、燕丝等特色吃食；鼓楼区南后街 56 号的醉得意（三坊七巷店），有醉鹅、大筒骨等排档，另外沈家门渔港滨港路上有多家海鲜夜排档可任君选择，但建议问清价格再下单。

汽修点

车百度
地址：福建省福州市鼓楼区东浦路 168 号
电话：0591-87722770

2018 年 最初的攻略

Day69

福州—泉州—厦门
G15—翔安大道
260 公里，3 小时

建议

厦门鼓浪屿上碧波、白云、绿树交相辉映，处处给人以整洁幽静的感觉，除却日光岩、菽庄花园、港仔后海滨浴场、郑成功纪念馆等旅游景点，岛上还有众多的西式别墅建筑，需要你慢慢去发现里面的故事。

住宿

8 英里时光客栈
地址：福建省厦门市思明区鼓浪屿泉州路 10 号
电话：18120730361
价格：大床房 328 元（车停在轮渡码头，坐轮渡到鼓浪屿）

美食

厦门鼓浪屿龙头路 300 号的闽菜 | 姜母鸭疯煎蟹，有姜母鸭、太子蟹等；龙头路 103 号二楼的小酌海鲜本港菜，有一大波海鲜。

汽修点

新视线汽车维修
地址：福建省厦门市思明区民族路 86 号（船舶修造厂里）
电话：0592-8289928

Day70

厦门—汕头
S1591—G15
250 公里，3 小时

建议
汕头市风景名胜众多，龙湖区、金平区景点最为密集，既有礐石、青澳湾、南澳岛等自然风景，也有岭南第一侨宅——陈慈簧故居等人文建筑景观。

住宿
君潮酒店
地址：广东省汕头市金平区汕樟路北墩 126 号，近金凤东路
电话：0754-89988008、82758629
价格：大床房 288 元（含早餐券，标准为 42 元 / 房，免费停车）

美食
汕头龙湖区长平路 123 号广海大厦（国新花园对面）的福合埕牛肉丸。牛肉丸是潮汕有名的小食，肉质较为细嫩，口感嫩滑。海滨路人民广场有豆花、芝麻糊、杏仁糊、绿豆爽等传统糖水。

汽修点
利山汽修
地址：广东省汕头市金平区汕樟路 111 号
电话：0754-88666985

Day71

汕头—汕尾—深圳
G15
350 公里，4.5 小时

建议

回家的行程，注意行车安全。

环驾china

2019 年

带着父母去环驾

环驾中国边境线，拍摄国门和界碑，为祖国 70 岁生日献礼！

2019 年，正值中华人民共和国成立 70 周年之际，我们一行三辆车 10 个人，带着自己的家人，7 月 15 日从深圳出发，逆时针方向，环驾中国边境线一圈。出发的时候，我们三个老司机就商量好了，一路上，三个人坚持自己开车，开完 31178 公里。

2019 年 7 月 15 日，一大早，广州的谢总就带着太太和儿子赶到深圳和我们一起出发，"走进真正的非洲"的同事们也从广州赶到深圳为我们鼓劲加油，听海哥也带着爱人到达了深圳，徐总和同事们一大早就准备好了物料，为我们送行。为我们送行的还有唐总、青石笑等一批车友和朋友。在一片欢笑声中，大家拍完合影就准时出发了。

2019 年 7 月 15 日，我们第一天到达汕头，第二天到达厦门，第三天到达霞浦，一路沿着海岸线，吃海鲜，游泳，一路高歌，玩得非常开心。

2019 年，我们沿着边境线又将会拍摄到哪些国门、界碑和口岸呢？

2019 年 7 月 24 日，荣成市成山头，中国海岸东极地

2019年7月25日，在丹东，断桥

2019年7月25日，长白山

2019年7月29日，珲春市国门，中朝边境口岸

2019年7月31日，绥芬河口岸

2019年8月1日，珍宝岛自卫反击战纪念遗址

2019年8月2日，东极广场

2019年8月4日，嘉荫口岸

2019年8月6日，黑河173号界碑

2019年8月7日，龙江第一湾

2019年8月9日，北红村、乌苏里浅滩、中国最北点坐标、北极村界碑

2019年8月11日，额尔古纳市黑山头中俄边境

2019年8月13日，阿尔山口岸、阿尔山火车站

2019年8月15日，二连浩特国门景区的4块界碑

2019年8月19日，内蒙古五原县黄河至北纪念碑

2019年8月19日，黄河至北纪念碑留影

2019年8月21日，甘其毛都口岸界碑

2019年8月21日，策克口岸界碑

2019年8月27日，可可苏里、喀纳斯、白哈巴边境

2019年8月30日，吉木乃口岸

2019年　带着父母去环驾

2019年9月1日，独库公路和安集海大峡谷

2019年9月8日，中国"西部第一关"伊尔克什坦口岸，"西极村"斯木哈纳村

2019年9月12日，塔什库尔干塔吉克自治县瓦恰公路、皮勒村

2019年9月13日，穿越新藏线的8座达坂

168

环驾中国

2019 年 9 月 16 日，普兰圣境、冈仁波齐神山、玛旁雍错圣湖

2019年9月19日，吉隆口岸

2019年9月20日，珠峰大本营

2019年9月22日，陈塘沟，夏尔巴人

2019年9月23日，318景观大道5000公里纪念碑

2019年9月24日，拉萨布达拉宫

2019年9月27日，南迦巴瓦峰

2019年9月30日，穿越丙察察

2019年9月30日，穿越丙察察

176　　环驾中国

2019年10月1日，丙中洛，独龙江风光

哈滂瀑布

2019年10月4日，腾冲瑞丽口岸

2019年10月10日，中越边境，中缅边境，中国越南缅甸三国联合界碑

2019年10月10日，中越边境，中缅边境

2019年10月12日，中国河口口岸、界碑

2019年10月13日，绿春县中越界碑

2019年10月14日，麻栗坡县天保口岸、国门

2019年10月14日，广西百色市平孟镇界碑

2019年10月16日，中越边境界碑

2019年10月16日，中越边境水口口岸

2019年10月17日，219国道喀纳斯—东兴9888公里处、爱店口岸

2019年　带着父母去环驾

2019年10月17日，睦南关、零公里

2019年10月18日，1372、1373界碑

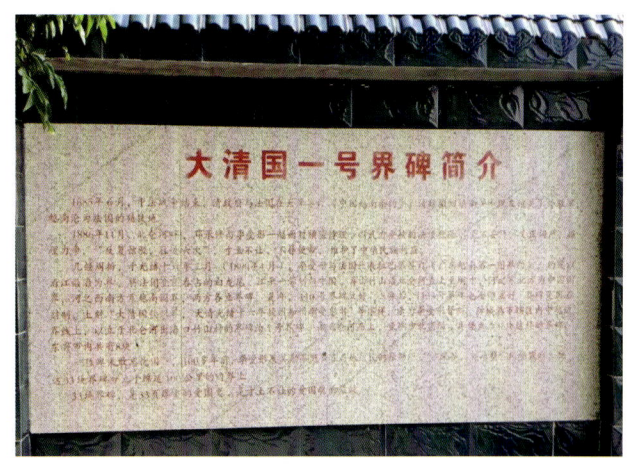

2019年10月18日，山海相连地标广场，大清国一号界碑

2019年10月19日，中国大陆最南极

2019年10月20日，凯旋

2019年7月15日出发，历时98天，于2019年10月20日抵达深圳，全程31178公里，这次"环驾中国·我们的边境线"活动参与人员总共22人，一次性完成全程的只有4个人。

2019年　带着父母去环驾　　187

环驾china

2020年

我们去了西沙和西藏

我们去环驾中国边境线吧，

不管前路铺满荆棘，

不管前方有多远，

只要出发，

就能到达。

人生也是一次出发，

经历无数的境遇，

无数的考试，

做了很多的事，

见了无数的人，

经历过无数的奋斗日夜。

未来有一天，

我们一定会遇见！

无论在哪里，

一切都是最好的安排！

专业钓鱼船（琼陵渔 18666）简介：

船长 43 米，宽 7.2 米，吃水 3.5 米，有 22 个钓位，航速 12 节左右，经济航速 8—10 节，一台主机 800 马力，3 台发电机，16 个 1000 瓦的大灯，船上有天平、虾笼，4—5 斤铅坠，如丢失需按价收费。船上电子设备有北斗星通导航、GPS、避碰仪、雷达、海马声呐鱼探器，12V、24V 独立电源，大型冰仓。房间共 9 间，每个房间都配有空调，6 间双床房，3 间四床房，伙食一日四餐，饮料、啤酒、矿泉水、方便面、八宝粥、水果等全部免费，正餐五菜一汤。

人一辈子，
都输在了一个"等"字，
等不忙，
等下次，
等有时间，
等有条件……
要知道，
人生最经不起等待。
醒醒吧，
别等老了才明白！
做想做的事，
见想见的人。
2020年8月28日，
环驾中国边境线准时出发！
别等了，
出发！

树欲静而风不止,
子欲孝而亲不在!
趁岁月静好,
趁父母还走得动,
趁孩子还需要我们陪伴,
趁一切都还来得及,
出发吧,
为自己,
为父母,
为家人,
为理想!
致敬勇敢的你!

2020年 我们去了西沙和西藏

194　　　环驾中国

2020年　我们去了西沙和西藏

喜马拉雅，雪的故乡，西起克什米尔的南迦帕尔巴特，东到雅鲁藏布江大转弯处的南迦巴瓦，全长2450公里，宽度为200—350公里。单从这个数据上看，国内的昆仑山脉、天山山脉都可以与之媲美，但110座7350米以上的高峰，使得喜马拉雅傲视世间一切山脉，名副其实地成为世界上最高大、最雄伟的山脉。

高高耸起的喜马拉雅像堵墙一样隔绝着印度次大陆和青藏高原，形成迥然不同的气候条件和生物物种。和其他山脉一样，其间也总是留有些裂谷、密道可以穿越，日喀则地区的西藏五大沟（亚东沟、陈塘沟、嘎玛沟、樟木沟、吉隆沟）便是其代表。如果说整个青藏高原大部分地区起伏不大，景色雷同，那么五大沟就是别具一格的部分了。

陈塘沟、嘎玛沟，那里居住着勇敢和直接表达爱情的夏尔巴人！

陈塘沟，夏尔巴人的天堂。它是珠峰自然保护区的一部分，海拔仅有2040米左右，属亚热带季风气候。印度洋暖湿气流沿着河谷，穿越峻岭重山，泽润着这里的每一寸土地，营造了陈塘沟独特的风光，滋养着陈塘沟丰富的生物。在这里，葱绿的原始森林与峻拔的雪山交相辉映，玉带似的瀑布在四季常青的林海中飘荡，明澈的湖泊描绘着蓝天白云的美丽画卷，清朗的朋曲河翻卷着白色的浪花欢歌远去，怡神的温泉蒸腾着迷人的雾气，等待着洗去旅人的疲劳。陈塘镇距离定结县城150公里，有50公里的一段路不通汽车。去陈塘沟，只能翻山越岭，过悬崖峭壁，沿山羊踩出的路前行。沿途山势险峻，数条高山瀑布汇聚成奔腾的河水直泻而下，发出阵阵吼声震撼着峡谷。从印度洋吹来的赤道暖流与高原寒流在这里汇合，将这里造就成"一山分四季，十里不同天"的神奇景观。远处望去高山顶上白雪皑皑，近处茂密的原始森林，丰富的各种植物，泥石流、山体滑坡形成的自然景色奇妙无比，真不愧为"天然博物馆"。陈塘沟已于1988年被西藏自治区列入珠穆朗玛峰自然保护区范围，成为研究自然历史和人文历史遗产的重要基地。陈塘沟是夏尔巴人的聚居地，80%人口为夏尔巴人。

我们一行四个人（木匠哥、玛依拉、Sharon、Tony）从珠峰下来，在白坝见过拉巴次仁之后，也买了一些他的珠峰化石。今年看到他的时候，非常欣慰，他比以前成熟了许多，衣服也是户外的速干衣裤和冲锋衣，原来的摩托车也改成面包车了，真为他感到高兴。他们的生活越来越好了，他的笑容依旧是那么憨厚和拘谨。临走的时候，拉巴次仁还送了几块小的化石给我们同行的玛依拉和Sharon，他们都非常开心！

拉巴次仁是我2012年去珠峰的时候认识的一个藏族小伙子，他很憨厚老实。第一次见他的时候，他骑着一辆典型的西藏当地摩托车，后面放着一个麻袋，手里拿着几块珠峰的海螺化石，怯生生地走到我们吃饭的桌前，问我们要不要买一块海螺化石收藏一下。当时我们买了几块化石做纪念，再后来我们每次去珠峰都能看到拉巴次仁，他还在卖化石。2014年9月份那次去珠峰，因为车辆续航不够，从珠峰下来我们就打电话让拉巴次仁用摩托车拉一些油，沿途来接应我们。当时军哥非常欣赏他的忠厚老实和守信，特意付完油钱和劳务费之后还多给了他几百元作为感谢。正是在拉巴次仁那样淳朴的藏民帮助下，我们每次的西藏之旅才能够圆满成功。

2020年　我们去了西沙和西藏

在和拉巴次仁去山上挖化石与去陈塘沟的两个选项中，我们必须选择一个，因为去挖化石需要来回四天的时间，要骑马或者骑摩托车到山里，并且要露营三天，最后我们还是选择了去陈塘沟。因为在拉萨开"拉姆拉错"客栈的栗哥和我们讲过西藏的五大沟，其中陈塘沟很值得去，所以最后我们四人还是决定去陈塘沟探秘。关于陈塘沟的故事，央视有个纪录片讲了当地的夏尔巴人在悬崖上采野生蜂蜜，这次我们去陈塘沟也带回来几罐野生黑蜂蜜，非常好喝！

我们一辆车，四个人，从定日县出发，一直到定结县，从海拔4300多米一直下到2040米的陈塘沟，垂直落差有2000多米。我们经过了雪山，经过了湖泊，一路沿着陈塘沟的峡谷下行，沿途看到了两翼匀称的山，看到了无数的小瀑布，整个山谷浓雾笼罩，负离子特别充分。

等我们到达离陈塘沟还有10公里的一个小村时，那里的村民告诉我们，这条路塌方了，过不去了，今天估计到不了陈塘沟了。我们当时很着急，也没有更好的办法。当地人还告诉我们，走路下去大约两公里的地方就塌方了，我们就算要下去也要把车停在这里，走路下去，然后叫那边的人开车来接才行。对于这种困难，我们肯定不会放弃，我们决定再想想办法！庆幸的是，在中途等候修路的时候，我们认识了也在陈塘沟做生意的张老板。他开着皮卡来补充货物，拉了一车的鸡、食材、日常用品，还有一个大羊腿，他今天是要回陈塘镇去的。

看张老板把车放好，我们也停放好车辆，和张老板说："我们可以和你一起去陈塘镇吗？"他说："可以啊，就是要走路啊，天快黑了，你们能不能吃苦啊？"我们一听可以去，特别高兴，连说能吃苦。原来张老板在镇上叫了车来接他，他今天要把那个羊腿带到镇上，因为这个羊腿的主人还等着下锅呢！哈哈哈，我们运气真好啊。

车终于在一个饭店门口停下来了，张老板告诉我们："这里有饭吃，也有住的地方，你们今天就在这里吃饭住宿吧。"奔波了一天，终于能够在晚上9点钟的时候看到灯光和吃上热的饭菜，那个幸福劲儿真是无法用言语形容。特别是刚才徒步走过塌方路段的时候，我突然脚下一滑，侧面是空的，要是摔下去了估计受伤会很严重，好在我立即坐地上才没出事。当时我是吓了一大跳啊，至今都惊魂未定！当天晚上我们为了给自己压压惊，点了藏香猪，好好犒劳一下自己受惊的小心脏！

吃饭的时候，四个人有说有笑，本来好好的，结果 Sharon 爆发了，估计是担惊受怕太严重了，说着说着就崩溃了，哭起来了，意思就是说我们太冒险了，这么黑的天，非要走下来，哭一会儿发泄完，受惊的心情就好多了。

第二天早上，大家起床后，天空下起了雨。我望着窗外奔腾的河水，看着空中的雨，这个时候倒开始担心了。因为这种路况，下雨是很危险的，随时可能会有塌方和泥石流，并且有可能会有落石掉下来，不管是哪一种情况，我们都承受不起！

雨雾中的陈塘沟越来越美了，云雾在山谷中慢慢升起，就如仙境一般。他们几个人也不知道我的担心，就想着吃完早餐去镇上玩。我得想尽办法找车，因为我们的车在山上停着呢。我看到旁边的小店路边有辆陆巡停着，估计车主在店里喝茶，就冒雨走过去，打听车辆的主人是谁，能不能租他的车来用一天。车主告诉我说："不行，今天我的车有任务，但是我可以帮您问问另一个人有没有空，他也有车，可以带你们去玩。"这个人就是本文的主人公，夏尔巴人阿布。打通了电话，阿布说："我起床穿好衣服就来了。"我以为他大约10分钟就可以到店里来的，结果等了40分钟才等到。我还心想这阿布真是没有时间观念，后来才知道，他是临时把车打扫干净了才来接我们的，所以耽误了一些工夫。

阿布是一个典型的夏尔巴人，个子不高，身体很结实，脸红红的，很热情的一个小伙子，他热情地招呼我们上车，说好了半天租车的价钱是600元，带我们去镇上玩。后来才知道，所谓的镇上，上一个小山坡就到了，哈哈哈。

但最后我们离开的时候都觉得这个600元钱还是很值得，因为认识了一个活泼可爱、敢说敢爱的阿布，并且是当地很有头脑的一个夏尔巴人。他还是村干部呢，又是护林员，还是定点扶贫的干部，每年要带领多少个村民脱贫，真是了不起的阿布。他自己有一个客栈建得非常精致，半山腰还有一栋房子，在镇上还有一栋房子，还有一个做唐卡的小型加工厂，专门为尼泊尔人做出口的唐卡。

阿布车上放着藏族的民歌，歌曲优美动人，他自己也情不自禁地哼唱起来。因为木匠哥想休息一下，所以我们就三个人跟着阿布去镇上玩了。从山脚下开始慢慢爬升，看到山上的瀑布飞流直下，云雾在瀑布中间缠绕，真是仙境一般，太美了！

在山路上蜿蜒曲折地走着，阿布一只手打方向盘，驾驶技术非常好。他的皮卡犹如一条小泥鳅，在山间穿行，因为山路曲折，我们也不敢停下来拍照。阿布看出我们的心思，放心地说："上到山顶会更加漂亮的，别着急。"一路上遇到阿布的人都会跟他打招呼，说明阿布在当地的人缘是非常好的。

到了山顶，我们顺着阿布的指引，找到了在镇上开店的张老板，就是他昨天晚上带领我们徒步两公里走下山谷，并让我们搭车来到魂牵梦绕的陈塘沟。我们三个人一商议，准备去买些肉，多买些菜，就在张老板家里做饭吃吧，也算是请张老板和他儿子一起改善伙食，一起吃顿美食，也表达一下我们的谢意。在他们煮饭的空闲时间，我们去了陈塘镇的小学，正好赶上学生放学，住校的学生在一起洗衣服、打水。一群男生在打篮球，他们玩得非常开心，我也加入他们打了会儿。他们个个都身手敏捷啊，我虽然比他们都高，也比他们强壮，但一点儿优势也没有，被另外一个队伍打败了。Sharon就和一帮女生打得火热，他们还一起拍照留念呢，都玩得非常开心。

中午阿布也和我们一起吃饭，吃饭的时候，阿布就小声问我，那个Sharon有没有结婚，他很喜欢她。我说："哈哈哈，阿布你真是有眼光，Sharon可是大学毕业的高才生啊，你真的很喜欢她吗？"阿布说："是啊，要是能够娶个汉族姑娘就好了。"因为他太太病逝了，有五个小孩，他自己平时事情也比较多，一直想娶个汉族姑娘可以帮他照顾这些小孩，帮他打理一些生意上的事情。吃完饭，他又和玛依拉说，他很喜欢那个姑娘，她到底有没有嫁人。玛依拉也说："好好好，我帮你问问吧，哈哈哈。"

后来我们就问Sharon，说："阿布很喜欢你，要不你就留下来做他夫人吧，正好你也想开客栈，而阿布又有客栈，现成的，并且阿布和你都是信佛之人，都想为社会做些贡献，并且阿布也经常在假期带着孩子去旅行，你这么不也是说走就走的旅行吗？"Sharon听我们说了之后，说："我没有听阿布说喜欢我啊，他怎么会一见面就喜欢我呢？你们两个合起来骗我的。"我们两个都说："你不信，你去问阿布，夏尔巴人的爱情就是敢说敢爱啊。"后来我们一起参观了阿布的工厂和客栈，还拜见了他的岳母，他的岳母也和他们一起生活，很慈祥的一位夏尔巴阿姨。后来走在街上，阿布和Sharon他们两个人就走在后面窃窃私语了。我们为了不打扰他们，有意快走几步到前面去了。

参观完陈塘沟之后，阿布带我们去参观嘎玛沟的风景，就隔壁的一座山旁边，是一条深沟。他告诉我们，嘎玛沟徒步来回要好几天呢，对面的山就是尼泊尔了，山上的路就是国界，路的一边是中国的，另一边是尼泊尔的。从房子的样子上也很好区分，插着五星红旗的就是中国的房子，旁边50米远的房子就是尼泊尔人的。

到了下午，天气晴朗起来，我终于放心了，也不担心下雨了。嘎玛沟下来之后我们就拿了行李准备出陈塘沟了，虽然知道那边还有温泉可以泡，但因为时间关系，我们还是依依不舍离开了。车辆出镇的时候，路边有两个姑娘热情地和阿布打招呼，我们问阿布："那两个姑娘喜欢你，要嫁给你是不是？"阿布不好意思地点点头，说："是的，他们都很喜欢我，可是我就是想娶一个汉族的姑娘做我的老婆，因为汉族的姑娘有文化，读过很多书，夏尔巴姑娘都没怎么读过书。"阿布开着车带我们飞奔而上，很快就到了昨天塌方不能通车的地方。我们和阿布告别的时候特意拍了一张合影。他和Sharon都留了微信，说多多沟通交流。

Sharon 也说先走完这次环驾中国边境线的旅程，他们这段时间也多一些了解。回到了深圳之后，如果他们的关系发展良好，期待阿布接她过来住一段时间，体验一下夏尔巴人的生活，后面再说谈婚论嫁的事情。阿布很是舍不得，想 Sharon 这次就留下来，娶媳妇心切啊。我和玛依拉都笑着对 Sharon 说："那你就留下来吧，来一次说走就走的旅行，再来一段奋不顾身的爱情，那人生就圆满了，哈哈哈！"

我在他们几个人小心翼翼地叮嘱之下尽量放慢速度，在泥泞的山路盘旋而上。有一段路非常烂，车辆始终有些打滑，又是上陡坡，我的大切（大切诺基）都是喘着粗气才上完那个长坡。一路上我们还在劝 Sharon 留下来呢，说了好多他们将来的幸福生活场景，说了他们将来还可以生很多的孩子，并且过几年陈塘沟的旅游会发展起来，还可以给我们快递黑蜂蜜，还可以给我们寄鸡爪谷，还可以给我们寄很多的特产啊。另外，下次我们再来陈塘沟的时候，就可以住她的客栈，等等。只有木匠哥是清醒的，他说："其实他们两个劝你留下来都是为他们将来的特产和后期方便着想，你可别上当啊。"我和玛依拉就大声笑了起来。在欢笑声中，我们一辆车就这样离开了云雾缭绕的陈塘沟。

后来，Sharon 也想了很多留下来和阿布的将来和打算，会过上什么样的生活，后来又设想阿布如何去她家乡接她回来，如果他真的来接她，她肯定会和他回到陈塘沟的。我和玛依拉就说你们将来的婚礼估计都是定结县的领导来主婚啊，因为是开创了夏尔巴人和汉族姑娘结婚的经典爱情故事！往往这个时候，木匠哥就会很清醒地说，前途是光明的，道路是曲折的，要有很大的决心，做好思想准备工作，估计还是会有一个很美好的结局的。接下来几天都是这个快乐的话题，至于最终阿布和 Sharon 有没有成就一段爱情佳话，有没有开启一段奋不顾身的爱情，就让大家去猜想吧。

吉隆沟，那里有神湖和大峡谷，您值得去看看！

吉隆沟，我们朝拜完圣山冈仁波齐、神湖玛旁雍错，从普兰出来之后就直接去了吉隆沟。樟木沟关口因为尼泊尔地震的时候封路了，现在都到不了樟木口岸，现在可以过尼泊尔的关口就是吉隆沟口岸了。

我们三辆车七个人就直接去吉隆沟了。位于喜马拉雅山南麓的吉隆县县城所在地叫宗嘎镇。由县城往南近70公里是吉隆镇，也就是吉隆沟的核心区了。如果没有县城北部20公里外马拉山的凸起和阻挡，喜马拉雅山很可能会被吉隆沟彻底"切穿"。在喜马拉雅山的峰群中，马拉山的海拔并不算突出，但它却成了吉隆沟北面的起点。从此往南，是印度洋暖湿气流徘徊徜徉的亚热带地盘；从此往北，是青藏高原的高寒世界。

我们一路欣赏着沿途的风景，一路呼吸着富含负离子的氧气，感觉非常惬意。因为前几天走阿里新藏线的时候缺氧厉害，队友中有出现高反的情况，我在日土那天晚上也出现了低烧的情况。去看了医生，医生说没事，吃点药就好了，然后开了一些感冒药和治高反的药。当晚是有些头重脚轻，吃了一点东西然后吸了几口氧气就睡觉了。庆幸的是，睡醒之后就满血复活了。这也是我这几年进藏的习惯，每次进入西藏的第一天超过4000米海拔就会出现不同程度的难受，要么低烧，要么不想吃东西，头有些疼，昏昏沉沉的，但好在每次好好休息一晚上，第二天就满血复活了！

去吉隆沟的国门必须先到吉隆镇边防办理一个特别的通行证，直接拿身份证去边境管理局就可以办理。到了吉隆沟的国门，出去就是尼泊尔了！队友玛依拉、木匠哥、听海哥跃跃欲试，分别拿好护照去办理出境手续。我们另外几个不太想出境，就在国门附近的小商店逛逛，随便买买吧。

我买了一包大白兔奶糖，几个人分着吃了。毕竟大白兔奶糖是陪伴我们成长的记忆啊。另外值得一提的就是面对国门的右手边有一个免费的书吧，里面有很多的书，有桌子、椅子，还有饮用水，这里没有服务人员，大家自己动手拿书看，自己动手倒水喝。这应该是国门海关的暖心之举，考虑到很多人要出境游玩，而不想出去的亲友就可以在这里看书、聊天等待他们返回。在这种偏僻的国门能够考虑得这么周全，为他们点赞。

我们从吉隆沟返回到吉隆镇的时候，沿途的风景也非常美，不断地翻山越岭，然后在转弯处看见了朗吉措神湖的指示牌，我们几辆车就毫不犹豫地下到主路，拐入右边朝神湖方向一条泥泞的道路上去了。沿着山谷，我们一直蜿蜒而上，因为路比较窄，每次转弯都要特别小心，走了几公里就到达了一个村庄，这个村庄已经在山的顶部了，我们停车问当地人，他们告诉我们说，如果去神湖，还要继续爬山，开车到了山腰之后，有个牌子，把车停在那里就好，旁边有楼梯，走上去就能看到了。于是我们继续沿着山路前行，慢慢地穿越白云深处。我们已经到了云雾的上面，远方的村庄在云雾底下，我们透过云雾能够隐隐约约看到村庄，当浓雾聚拢的时候，便又看不见了。

到达山上入口的时候，海拔已经到了 4000 米左右。超过 3000 米的海拔，如果你是按照正常速度去爬山的话，走几步你就会感到气喘，因为高山的氧气不足了。上了一段台阶之后我感觉非常累，并且天空中下起了小雨，站在平台上只能听到山谷的水声，看不到神湖。想看到神湖，还需要从这个平台下到山谷中才能看到，预计垂直落差在 300 米以上。谢总和 Sharon 看到这个情况，一怕下大雨，二怕体力不够，两个人就决定不下去了。我和海哥几个人就继续往下走。同行的还有另外一对夫妻，因为之前老公来过，所以他们下山的速度很快，毕竟熟门熟路啊。有熟悉的人带路，我们就跟着他们一起下山谷了。快走到神湖的时候，同行的阿姨提醒我们，不要大声说话，如果大声说话，神湖就会下大雨。我们赶紧都压低了嗓门，不说话了。

　　下到神湖一看，哇，好漂亮的湖啊！四面环山，我们是从出水口方向下去的，另外三面的山势都很高，并且云雾在山间缠绕，时而浓雾密布，挡住了整个山，时而又豁然开朗，能够清晰看到整片神湖。

神湖的水清澈见底，在那个观景台的周围挂满了经幡和哈达，藏族同胞非常敬仰这里，平时也有很多人来朝拜。我们一直走到了出水口的位置，并在那儿接水洗手，水非常冰，应该也是高山融化的雪水，但是没有看到水里有鱼。当时是中午了，我们几个人都没有吃饭，加上爬山，体能已经消耗得很厉害了，所幸我把吉隆沟口岸买的大白兔奶糖带下去了，给他们几个人每个人分几个吃，吃完之后，体能倍增。我也是庆幸一直吃糖，所以体能方面很好，后面上山的时候还有力气。湖周围也有好几只神鸟——乌鸦，一直在我们旁边转悠，看见我们要离开了，就大声地叫，估计是想让我们把吃的分给它们一些吧。我把大白兔奶糖剥掉糖纸，扔给它们，它们能够从石头缝里捡来吃。剥下来的糖纸我也随手放进口袋，回到车上后再扔到垃圾袋里，到了有垃圾桶的地方再倒掉。爱护环境，人人有责，也呼吁众多的户外爱好者一定要爱护好环境，不要随地丢垃圾。除了脚印和照片，什么都不要留下。

回到镇上，我们看时间还早，就去了离吉隆镇不远的吉普峡谷。我们按照当地人的指引，很快就找到了这个峡谷。峡谷中有一座钢丝吊桥，我们走上去晃得非常厉害。我和海哥胆子比较大，走在桥上拍照，玛依拉也敢过桥，木匠哥就比较害怕了，走过去了，不敢走回来了，只好从旁边正在修建的水泥桥上回来。沿着大峡谷继续往上走，我们来到了峡谷的瀑布边上，那里有护栏，因为峡谷非常深。海哥还是非常胆大的，他走到峡谷旁边，想去看看峡谷的瀑布底下是不是一个深潭，那距离确实非常吓人。我拿起相机给他拍了一张照片后赶紧叫他回来，一定要注意安全。

2020年　我们去了西沙和西藏

晚上我们在镇上找了一家牛肉餐厅吃饭，他们的牛肉做得很好吃，我们后来还特意去吃了两餐呢。服务员是尼泊尔的小姑娘，她们一个月的工资是1000元人民币，她们不会说太多汉语，只会说简单的词语。同行的谢总还说："嗯，不错，可以请四个尼泊尔小妹妹回广州去我们公司工作，原来工资这么低啊！"

晚上回来的时候，正好赶上广场有很多人在跳锅庄舞，我们几个人就全部加入跳锅庄舞的队伍中去了，一起happy，一起跳舞，跟着节奏，随着大家舞动。其实也没有真正合着节拍，只是随心所欲地跟着大部队一起跳舞就是了，一起去感受当地的民风民俗。幸福的笑容一直洋溢在他们的脸上，小伙子、小姑娘、老大爷、老奶奶、大叔、大妈，他们都跳得很好，都是非常开心快乐地跳着、笑着，天上的星星、月亮也笑了！

第二天一早，我们离开了吉隆沟，去往下一站：珠峰大本营！

亚东沟，西藏的粮仓，古时称为红河谷，是茶马古道终点之一

亚东沟，此地海拔低，水流湍急，草地肥美，小镇宁静，为五大沟中最美的一条。亚东沟位于日喀则最南角，与印度和不丹接壤，起点在帕里镇，终点在下亚东，全程约58公里。由于道路非常畅通，很多游客直接坐车往返，省时省力。帕里镇是亚东沟的枢纽，往北翻越卓木拉日雪山可回江孜古城，往东经过康布温泉和岗巴可至珠峰大本营所在的定日县。

我们四个人一路上玩得非常开心，各种欢乐！阿飞是个非常乐观的人，他在的时候总能够把我们逗乐。自从认识阿飞之后，我们的很多活动他都经常参加，每次都是各种笑料不断，他算是笑料的制造者，很有意思的一个人！

在拉萨玩了两天，我把他们送到机场，我们挥挥手，再见了！接下来，我一个人一辆车走新藏线进入新疆，继续完成环驾中国边境线的梦想！我这次是从拉萨往阿里方向走，虽然去过羊湖好几次，每年经过的时候还是会去看看。那个2012年第一次进藏时让我热泪盈眶的羊湖，现在再看到她的时候，已经没有了那时的惊喜，反而感觉到了很多的商业气息，不由得有一些感慨。

阿飞的朋友热情地接待了我们

巴松措的餐厅风景非常好，吃什么变得不重要了

　　离开羊湖，我继续开车前往亚东沟，之前在拉萨的拉姆拉错客栈就听栗哥说过，西藏的五大沟之一的亚东沟很值得去。我就一路翻山越岭，一路听着歌，慢慢开着车，朝着亚东沟出发了。

沿途的风景非常美

2020年 我们去了西沙和西藏

路上偶遇骑行的朋友

他家的牦牛肉挺好吃

林芝到拉萨看见冰雹之后的双彩虹！

在去亚东沟的路上偶遇了两辆车，一辆是丰田普拉多，一辆是别克，他们也是路上偶遇的，我们相伴而行，三辆车玩得非常开心。普拉多的车主平哥和太太是退休了，出来走走，想把祖国的大好河山都看看，这次主要是和朋友去西藏和新疆；另一辆车上是两对医生夫妇，请了年假，来西藏玩一个月，然后要赶回去上班！

我们三辆车一路上相互照应，到了一个开阔的草原。我看到中间有牧民回家的路，刚好可以开到草原的中间位置，于是就带着他们一直开到了草原的腹地。我们沿着牧民的车辙走，没有轧坏牧场的草地。我们的背后就是茫茫的雪山！他们因为车少，平时都不敢离开公路，害怕陷车之类的事发生，所以从来没有这么深入到草原腹地去玩。他们一看还可以走这么远，视野这么开阔，几个人便想上车顶去拍照，但是又害怕站不稳，因为当时的风很大，也很冷。我就给他打个样，爬到车顶，踩在车顶的备胎上面让他们拍照，他们也就学着样爬到车顶来拍照玩儿。中国大妈的红丝巾在草原上迎风飘扬！

　　去亚东沟的路非常难走，并且要经过几道关卡！我们经历了重重困难，可以远远看到国门。眼看国门就在眼前，边防警察拦住了我们，不让我们过去了，因为是警备区。到了中午，我们两辆车就撤下来了。平哥没有放弃，继续留下来想办法，一定要看看国门，甚至还打算多住一天想办法去看看。这两张国门的珍贵照片是平哥后来拍了之后发给我们的，他知道我们也想要看看亚东沟国门的真容。

2020年　我们去了西沙和西藏

在亚东沟，我们三辆车就此别过了，平哥他们慢慢走，慢慢玩，继续在西藏、新疆自驾游。湖北的医生夫妻就一路回湖北了，因为他们着急回湖北去上班！我继续一个人一辆车走新藏线进入新疆。

樟木沟，悬于峭壁之上的要道

樟木沟位于西藏地区聂拉木县的希夏邦马峰东南侧，以森林自然景观为主，从热带森林植被到高山草甸，植物种类相当丰富，其中徒步希夏邦马峰南坡是樟木沟中最著名的路线。希夏邦马峰南坡路线难度适中，全程3—4天，驴友一般把它和吉隆沟或珠峰东坡的路线连起来走，该路线的亮点是希夏邦马峰，这座高8027米的雪山完全在中国境内。

我们这一次进藏去了米堆冰川，骑马进去的时候要和小姑娘说好是单次骑马进去，还是往返，因为往返是100元，单次是60元。后来唐总和敖总到米堆冰川徒步去了，牵马的小姑娘就找我要骑马的钱。等他们徒步出来的时候已经是4个小时以后了，他们两个人也真厉害，朝着冰川一直徒步进去，往返走了4个小时，看着冰川很近啊，但是一直走啊走，还有那么远，真是望山跑死马啊。等他们两个徒步回来的时候，已经是饿得饥肠辘辘了，我们在那个贴着我们俱乐部车贴的拉面店里等他们。他们一回来赶紧要了两碗面，吃下去立马感觉好多了。米堆冰川里面有一种颜色很特别的石头，我们看到很多很漂亮的石头，就捡回来了，到了出口的地方，当地的村民用一个小推车拦住了我们，叫我们把石头还给他们，不让我们带走。后来我们想想也是这样，如果所有游客都来这里捡走石头的话，估计后面来的人就看不到这种漂亮的石头了。

墨脱野炊餐后照片

然乌湖巴桑一家人，还有邻居的孩子

中国最美冰川——米堆冰川

米堆冰川停车场的餐厅还有我们2014年进藏的标贴

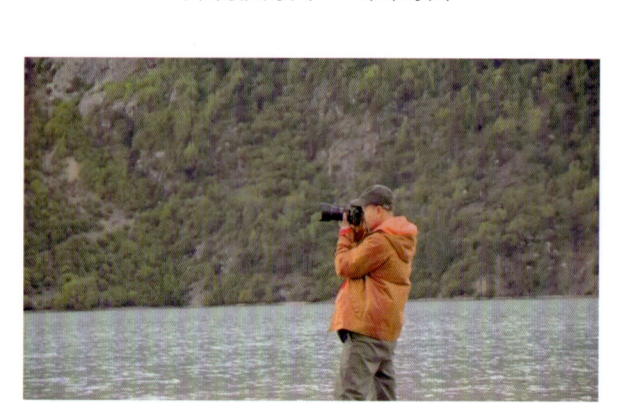

摄影大师曾总

米堆冰川，唐总骑马

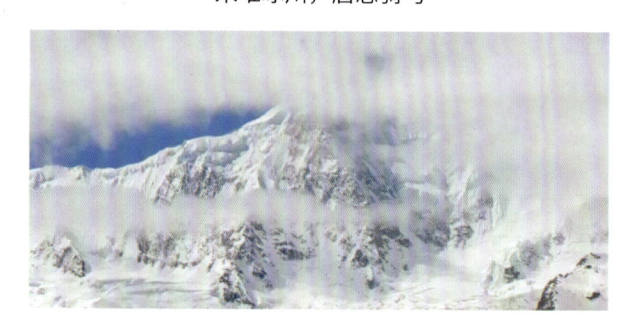

云雾下的米堆冰川

玛吉阿米餐吧聚餐

我们从成都进，一路沿着318国道进藏，在泸定桥上，我们几个人摆出冲锋陷阵的姿势。我们在唐古拉山雪地上切西瓜吃。我们在拉萨八廓街的玛吉阿米餐厅，四个人一桌吃美食，来了一个外国友人，她是一名民航飞机的机长，利用假期时间抽空来到拉萨旅行。我们几个人用蹩脚的英语和一个人比画一个人猜的交流方式，也能够沟通交流得很愉快。最后她把她的那份餐买单了，也和我们一起吃了一些菜。大家在一起都聊得非常开心，临走的时候，她还给了服务员5元钱的小费，这个动作让我们记忆深刻。

唐古拉山口切西瓜吃

藏羚羊

近距离看珠峰

珠峰的邮局，可以寄明信片！

原来珠峰大本营的海拔指示牌，尼泊尔地震后就不让去原来的珠峰大本营指示牌那里了，在绒布寺的旁边建了一个新的珠峰大本营营地。

顺着这个指示牌，我们去登后面那个挂满经幡的小山坡，需要经过边防战士的检查，在上面拍照的时候有严格要求：第一，不可以带横幅；第二，不可以脱上衣；第三，不可以乱喊口号。我的俱乐部旗帜也给兵哥哥收了，说我下来的时候再还给我，不可以带上去拍照。

自游穿越俱乐部最早的旗帜

原珠峰大本营的海拔高度指示牌

原珠峰大本营的海拔高度指示牌

绒布寺旁边的餐厅依然在，并且生意还是特别好，服务条件也更好了，2012年的时候只有简单的房子，没有电，没有热水，2019年去的时候已经有电热毯了，有热水，有手机信号，还有Wi-Fi，除了海拔有点高，其他条件都非常好了。入住的人也多了，在原来的院子里也加上帐篷房间，又可以入住更多的人。

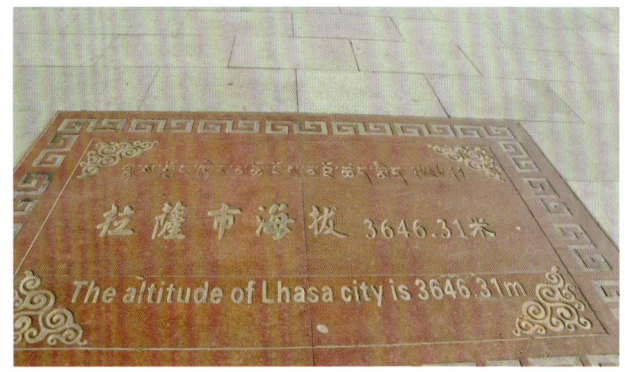

拉萨市的海拔高度 3646.31 米

　　我们到达的时候已经中午了，因为早上是 4 点多钟出发的，很早，根本没有早餐吃，四个大老爷们儿也没有提前准备一些干粮，也是我的失策，没有随时在车上准备一些食物。本以为沿途有小店可以购买，谁知沿途的村庄的小店都关门，一直开车到 10 点多钟，饿得实在是顶不住了，已经开车 6 个小时，又是搓衣板路，昨晚吃的食物早就消化了，颠簸的路面让人更加容易饿。后来我们饿得受不了了，就在去珠峰路上的一个小村庄停下车，看看当地藏民家里有没有吃的。

　　在路边，我们遇到了一位藏族老奶奶，我上前和她打招呼，说了一句："扎西德勒！"她也微笑着回了我一句："扎西德勒！"我问她有没有吃的，她听不懂，我就边比画往口中扒拉，意思是吃的，边和她说："有没有酥油茶？"

去往樟木沟的路上的雪山

2020 年　我们去了西沙和西藏

樟木口岸

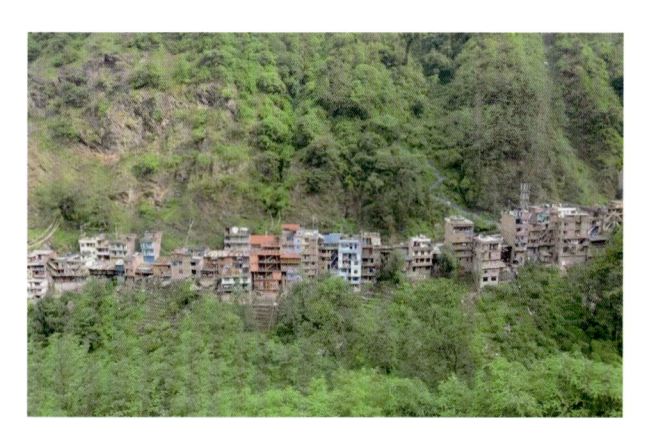

尼泊尔的房子

中尼友谊桥

早就听说樟木的边贸市场很热闹，我们那天一早就去了边贸市场和口岸，市场是挨着口岸的。我们去的时候还没有通关，对面有很多人在排队，我们就在沿街的小店里面到处看看，买买小东西。我记得当时买了尼泊尔的黑茶，很好喝，带回来之后很快就喝完了，但是那个装茶的尼泊尔盒子至今还收藏着，很精致的那种，并且还散发出淡淡的香味。唐总当时买了很多尼泊尔的香，后来经常去唐总的店里喝茶，也能闻到那个香，真舒服。关口一开，那边就过来了很多尼泊尔的妇女，她们估计是过来采购物品和食品，要不就是过来这边工作的，因为这边的工资比较高。我们冲她们打招呼，她们也听不懂，就冲我们笑笑，脚步并没有减慢，很快就拐过弯消失在街道的尽头了。

樟木（聂拉木）口岸的外贸市场

尼泊尔的卡车（印度塔塔集团的车）

后来我们四个人吃完午饭就开车往回走了，有件事情印象非常深刻。当时我们四个人在车上开着玩笑，山谷的右手边的一块巨石上站着一只很大的猴子，看着就像是孙悟空的造型，一只手放在额头的前面，站在石头上向远处眺望。我当时在开车，第一个看到，就对他们说："你们看，猴子，猴子。"并且当时的车速也不慢，又是上坡，又是拐弯的，他们三个人都不约而同向我指的方向看去，都在津津有味地看着猴子。车子很快就拐过弯了，拐过弯之后就看不到猴子了。我问他们，你们有没有拍照啊，他们都说，没有哦，都只顾着看猴子，忘记了拍照。唉，还是有些遗憾的。我在拐弯之前从左侧的后视镜看见后面一辆警车停下来拍照了，他们也看到了那只猴子，我们就说，等会儿我们去找那个警察拿照片吧。果然前面一点点路程就到了派出所了，他们的车刚进去，我们就紧跟着也进去了。因为他们在车上都商量好了，让我去找警察要照片。我们的车刚进派出所，见我们下来四个男人，他们立刻就警觉起来，我跑到刚才的那个警车旁边找开车的警察。他看见我跑过去，很紧张地问我："干什么的，有事吗？"我赶紧说："没事，我们刚才看见那只猴子，没有拍到照片，看见你们停车拍照了，能不能把那个猴子的照片也发给我们一份啊？"他赶紧说："没有没有，你们没事就赶紧走吧。"我们只好失望地离开了。哈哈，就过了一把眼福，也不错了，知足吧，知足常乐！我们四个人就这样高高兴兴地一路开车回拉萨了。

后来尼泊尔地震了，樟木口岸就不再对外开放，这个口岸也就慢慢从人们的视线中消失了。

回到拉萨之后，我们从青藏线回深圳，经过了唐古拉山口，经过了可可西里藏羚羊保护区，经过了青海省，经过了诺尔盖大草原，还经过了汶川大地震遗址，又回到了我们的出发点，深圳。

别人的经历无论如何精彩或不堪，都是人家的故事，你只是听故事的人。你想拥有你的故事，用身心去体验那种缺氧的感受，去感受路上的颠簸，去看壮丽的山川大海，一起去翻山越岭，一起去感受寒冷和饥饿，一起去克服路上的种种困难，一起去感受路上的一切，机会来了，那就出发吧！

2020年　我们去了西沙和西藏

环驾chin国

2021 年

环驾中国之"塔莎古道"

2021 年 7 月 1 日，在党的百年华诞之际，"第三届（2021）环驾中国边境线梦之旅"在上海拉开帷幕。来自广东、福建、北京、安徽、湖北、湖南、江苏、陕西、上海、四川、新疆、浙江、辽宁、黑龙江、江西、广西、重庆、西藏、云南、山东、香港的 66 位环驾勇士和 25 辆车，历时 96 天，行程 35000 多公里，从上海、丹东、长白山、漠河、额尔古纳到满洲里，从阿尔山、锡林浩特、额济纳旗到敦煌，从哈密、喀纳斯、那拉提、巴音布鲁克到喀什，从塔莎古道、叶城、阿里、珠峰大本营到拉萨，从林芝、察隅、察瓦龙、丙中洛到东兴，从湛江、三亚、深圳再到上海，足迹遍布雪山湖泊、森林草原、沙漠戈壁、高山大海，甚至无人区，在我们伟大祖国的边境线上逆时针画了一个圈。

一路上有多少羡慕的眼光，多少好奇的询问，多少难忘的记忆，多少感动的瞬间，这是一笔多么宝贵的人生财富！今天就让我们停下来慢慢告诉您我们穿越塔莎古道的惊险故事！

环驾中国之塔莎古道，这次"梦之旅"的行程之一。塔莎古道是从新疆的塔什库尔干到莎车的一条古老道路。唐代玄奘曾有过这样的描述："从此东下葱岭东冈，登危岭越洞谷，溪径险阻风雪相继，行八百余里出葱岭至乌铩国。"葱岭即帕米尔高原，乌铩国也就是如今的莎车。翻开历史，大约一千多年前，玄奘取经东归，穿越帕米尔高原回到大唐时，走的正是我们如今要穿越的塔莎古道。千年之后的塔莎古道仍伫立在昆仑山的陡壁与叶尔羌河湍急的水流中，依然是从莎车穿越帕米尔高原前往中亚的重要通道。

塔莎古道是丝绸之路的一个分支。离开塔什库尔干塔吉克自治县，汽车沿着叶尔羌河在昆仑山的峡谷中迂回穿行，两旁是光秃秃裸露的山峰，虽然柏油路面平整，但许多弯道处仅能容一车通过。相向来车在此相遇，必须退回让行区方能通过。因道路凿山而建，许多巨大的岩石就悬在车顶，道路两旁也随处能看到从山顶垮塌落下的巨石。在这看起来"千山鸟飞绝，万径人踪灭"的大山深处却生活着我国唯一的白种人，被称为"高山上的雄鹰"的塔吉克族。年长者听不懂也不会说汉语，但年轻的塔吉克人穿着打扮与我们并无两样，能用流利的普通话与我们交流。

正是因为塔莎古道如此神秘的色彩和充满着诱惑力，我们一行四辆车决定进入古道一探究竟。可惜的是刚起程不久，我的车胎就被扎了，后轮提示胎压不足。下车检查，发现后轮有一个地方有一个大洞在漏气，一看这种漏气的速度，很快就会漏完的。我们只好停下车来，从后备箱把那些行李全部都搬下车来，因为需要用到备胎和换轮胎的工具。这时，肖刚大哥和嵇强大哥都过来帮忙了，肖刚大哥帮忙把原来轮胎的螺丝拧下，嵇强大哥和郭教授就帮忙把备胎从备胎架上取下来。经过几个人的配合，轮胎很快就换好了。但接下来的路况并不轻松，没有了备胎的车辆走在路上也很不踏实，因为路况很不好，万一再出现轮胎坏掉的情况，我们就需要救援了。要么去外面购买轮胎进来换好再开出去；要么就是叫救援车把车拖出去，然后再找地方换好轮胎。

2021年 环驾中国之"塔莎古道"

即使这样提心吊胆，我们还是决定继续前进，塔莎古道的前半段主要沿着塔什库尔干河行进，两旁是昆仑山腹地的山谷，迂回穿梭中，一座座高山、一条条峡谷从窗外掠过；路过很多塔吉克族村落，一片片不成规模的田地、一栋栋新修的塔吉克族民居从眼前掠过。可以和友好的塔吉克人拍拍照，路边有不少绿植，河水也很清澈。当我们经过一个小村庄的时候，有两个小男孩从自家的院子里伸出头来问我们："你们要不要买杏，我们家有杏可以摘的。"顺着小孩的指引，我们看见了他们院子里的杏树上挂满了黄色的杏。我们停下车，随着这两个八九岁的小男孩进入他们的院门口。院子的门是锁着的，可能是因为大人不在家，担心孩子外出乱跑，也担心安全吧。我们按照小男孩的指引，从院子大门旁边的铁丝网进到院子里。到了院子里面，从屋里出来了一位老大爷，看起来应该是小男孩的爷爷或者外公吧。因为语言不通，我们就是一个人比画，一个人猜。老爷爷知道我们是外面来旅行的，就让我们去摘杏，按照15元/斤的价格卖给我们。两个男孩真是灵活啊，他们上蹿下跳地跑着，时不时跑过来帮我们摘杏，等你还没有反应过来的时候又跑没影了。我们几个人摘了一些吃，然后又摘了两三斤。此时已是吃午饭的时候，我们就想到他们家吃个饭再走，可一看他们的爷爷也不是很方便帮我们做饭吃，我们就收拾好摘下的杏，拿了现金付给老爷爷，开心姐又另外单独给了老爷爷200元钱。我们队伍的人员又与老爷爷和小男孩一起拍照，拍完照片我们就和小男孩告别离开了。两个小男孩也非常懂事，他们一直送我们到门口，看着我们离开，一直在和我们挥手说再见。

我们出来后就简单把刚才摘的杏分到各个车上，每辆车都留一些，都是从树上摘下来的，很干净，可以直接吃。我们继续开车往前走，尽管我们知道塔莎古道的整条路没有通，但我们还是想继续往前走，看看走到哪里走不通了，再返回来吧。塔莎古道的路确实非常惊险，因为是在峡谷中穿行，两边的山崖很高，并且很多的大石头就像是豺狼虎豹一样虎视眈眈地盯着我们，看着我们在山谷中穿行。虽然当时已经过了雨季，但看到路边掉落的石头，还是非常担心它们会掉下来砸在车上。那些石头都非常大，如果真的砸在车上，后果肯定是非常严重的，我们就屏住呼吸，小心翼翼地开车走着，生怕喘气声会把石头震下来一样。我重复地在对讲机里交代大家一定特别注意安全，注意别让路上滑落的尖石头扎烂轮胎了，另一方面又交代大家走这种峡谷路面不能按喇叭，喇叭的声音会把山崖上处于临界点的石头震下来。

穿过山谷之后，我们来到了一个疫情防控检查站，当地防疫人员很热情地告诉我们，前面的路塌方了，不能通行。当地执勤的警察为了证实前面的路确实塌方了，特意从手机中找出他前几天拍摄的塌方路面的视频给我们看。

到了吃饭的时间，我们想去检查站旁边的那个看似餐厅的地方吃饭。检查站的人说，那边吃饭的地方已经不能通行，吃饭也不可以，让我们退回到5公里处的那个镇上去吃饭，并且特意叮嘱我们在回去路上的左手边，有一座桥，过了桥就有地方可以吃饭了。我们四辆车只好掉头原路返回，生怕错过那个路口的小镇。那个小镇肯定很小，因为我们刚才过来的路上都没有留意到。虽然沿途回去的路边有几家写着类似于农家乐字样的店，但是下车问询都回答没有吃的，因为疫情没有生意都关门了，没有做生意了。

两个可爱的塔吉克族小男孩邀请我们去摘白杏

经过一路搜寻，按照公里数的减少，我们终于在路边的岔路口找到了那个小镇，确实是很不起眼的一个小村庄，只有几户人家，庆幸的是有个小商品商店，还有两家吃面的餐厅。我们进到一家餐厅，问老板有什么吃的。他告诉我们只有西红柿鸡蛋面，其他的没有了。然后我们十个人就每人要了一碗面。在等面的时候，路边来了几位特别帅气的塔吉克族小伙子，一看他们的装束应该是在外面生活工作刚回到家乡的。经过沟通交流，得知其中一个小伙子确实是在上海开滴滴出租车的。另外几个小伙子也是跟他一起在上海的小伙伴，从小在一起长大，又一起结伴到上海去工作，这次回来是因为那个小伙子要结婚了，回来准备婚礼。婚礼的日子都定了，但不是这几天，还需过十几天。小伙子非常开朗，我们看当时的光线和天气都特别好，就让他和我们的叶蓉小姐一起拍了一段手牵着手走路的视频：一位塔吉克族的小伙子，手里牵着汉族的姑娘，在阳光下快乐地笑着。小伙子还特意邀请我们有时间的话去参加他们的婚礼，并且给我们留了微信。后来结婚前几天还给我们发了邀请，邀请我们去他家里参加隆重的婚礼。因为时间的关系，我们最终没有参加，但我们也在遥远的地方祝福他们！

如果你看过了喀纳斯的秋、可可托海的牧羊人、赛里木湖的冬、那拉提的养蜂女，但没有去过帕米尔高原，也没有看过塔什库尔干的三月杏花，你会留有遗憾，此生一定要去一次，不为别的，就为塔莎古道里那与三月杏花的一次美好相遇。走这条路去塔尔乡或大同乡，路况整体不错，小汽车也无通行难度。后半段则沿着叶尔羌河开始有悬崖峭壁，各种落石和滑坡，黄土沙漠成了主角。一边是狂野的叶尔羌河，一边是险峻的喀喇昆仑山，巨大的岩石就悬在头顶，路过时难免会让人忐忑不安。"眼睛上天堂，身体下地狱"大概就是行走这条路时的真实写照。年初的一些地震及山体滑坡影响，导致现在有一处陡坡，位置大概在过中间检查站行车一个多小时的地方。对于轿车及底盘低的两驱车来说有些难度，建议找同伴在后面推下车或是设法倒挡上坡，因为正面上很容易打滑。总体来说，这段路对于底盘高的四驱SUV来说毫无难度，对于底盘低的轿车或是城市两驱SUV来说需要注意防打滑和磕底盘，遇到陡坡在车后推一把翻过去问题不大。路间碎石的状况还挺多见，底盘低的注意控制车速。

如果准备一天走完塔莎古道，最好天一亮就从塔县出发，出发时间越早越好，一般到了中间检查站可以和当地警察再确认后半段路况如何，毕竟他们是最熟知实时路况的。如果走不通还可以开回塔县或在沿途村庄过夜。

塔莎古道全长约300公里，行车时间7—8小时，底盘低的小汽车时间更久些，沿途主要站点包括：塔县、下坂地水库、库科西鲁格乡、塔尔乡、中间检查站、库斯拉甫乡、阿尔塔什地质公园、喀群乡、莎车县。前半段4小时出头，后半段大约6小时，都是无尽的山路。最后一定记得提前加满油，有条件的话开SUV，记得在当地雨后或地震后观察实时路况。

塔莎古道虽然是新疆目前路况等级最差的公路，但它是连接塔什库尔干县与莎车县的一条捷径，是自驾新疆的元老级观光线。走过这条古道的大咖说："塔莎古道的有些路段比丙察察更险峻，风景比丙察察更美。"

2021年 环驾中国之"塔莎古道"

环驾chin國

2022 年

开启环驾中国之高端定制版

历时 115 天行程 35000 公里，环绕祖国海岸线边境线一圈的环驾中国边境线之旅，堪称人生最豪迈的旅程，毋容置疑也是中国顶级的自驾路线！

这必将是波澜壮阔的自驾旅行，史诗般的人生旅途！我们的征途是日月星辰，我们将用无数历史、自然、艺术的美景，为每一位环驾中国的勇士谱写巅峰自传！

日后，当你回望这段"环驾中国边境线之旅"必将心潮澎湃、热血沸腾。你是历史的缔造者，缔造颂赞一生乃至传承三代的家族佳话。

这次逆时针环驾中国边境线之旅我们做了很多精心设计。

一共115天，35000公里行程，带你翻越雪山之巅，穿越沙漠戈壁，踏遍高山草原……圆自己环驾中国的梦想。

2022年　开启环驾中国之高端定制版

特色线路，行程丰富：

一路沿着三条沿海沿边的国道（G228、G331、G219），依次打卡中国陆地东南西北四极，依次经过中俄、中蒙、中越边境线……囊括中国大部分美景。

这次，我们从深圳出发逆时针沿着祖国的边境线自驾一圈。

环驾中国边境线之旅除了完成自己的梦想和心愿，当然还有看风景，体验服务和美食，沿途合作伙伴对当地更加了解，为此优化了前几届行程，环驾中国边境线之旅从 100 天优化到 115 天，让大家玩得有深度、玩得放心。

我们依然全程精心挑选当地较好的星级酒店，除了大城市的星级酒店，在条件有限的未开发区，尽量安排当地头部舒适酒店，在藏区优先安排有氧酒店，以确保大家休息好，第二天有饱满的精神状态开车、观景。

从高原到盆地，从戈壁到丹霞，从大漠到森林，从蒙古高原到青藏高原，从青藏高原到热带雨林，从热带雨林到海洋……

到东北，看最原始的高山雪原，看中国最美的森林。在这片碧绿的汪洋中生长着许多物种，一不小心就能遇到。

走进新疆，这里风景绝美，民族风情浓厚，是梦中的西域模样。

从新疆到西藏，抛掉信号，斩断一切世俗的联系，只留给自己广袤无人区的狂野与自由。

在西藏，这里有世间最伟大恢宏的美景，有世间最纯粹的信仰。

再到云南，穿越丙察察，感受自驾界传奇越野路线的极致体验，去探寻一个个世外桃源。
一直驰骋到广西边境，一路喀斯特地貌的风光旖旎，可以看到经典喀斯特地貌与万千石林。
最后回到汕尾，我们在这里为大家接风洗尘，准备了庆功宴。

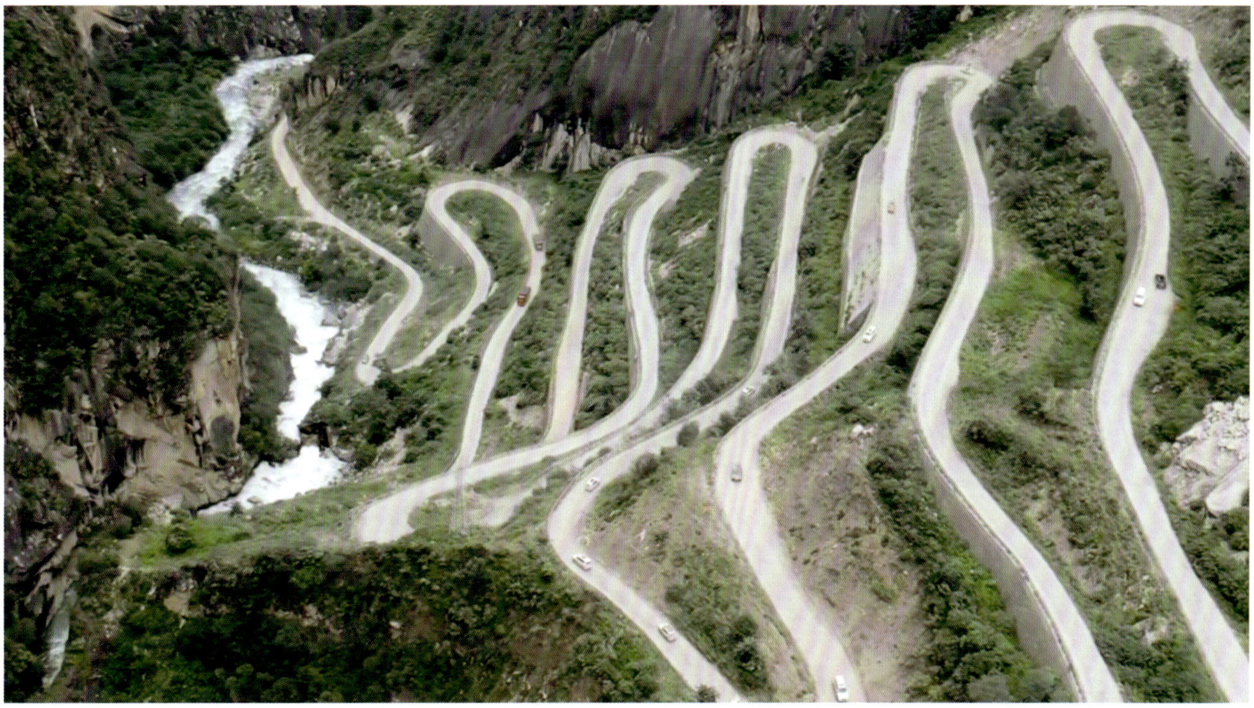

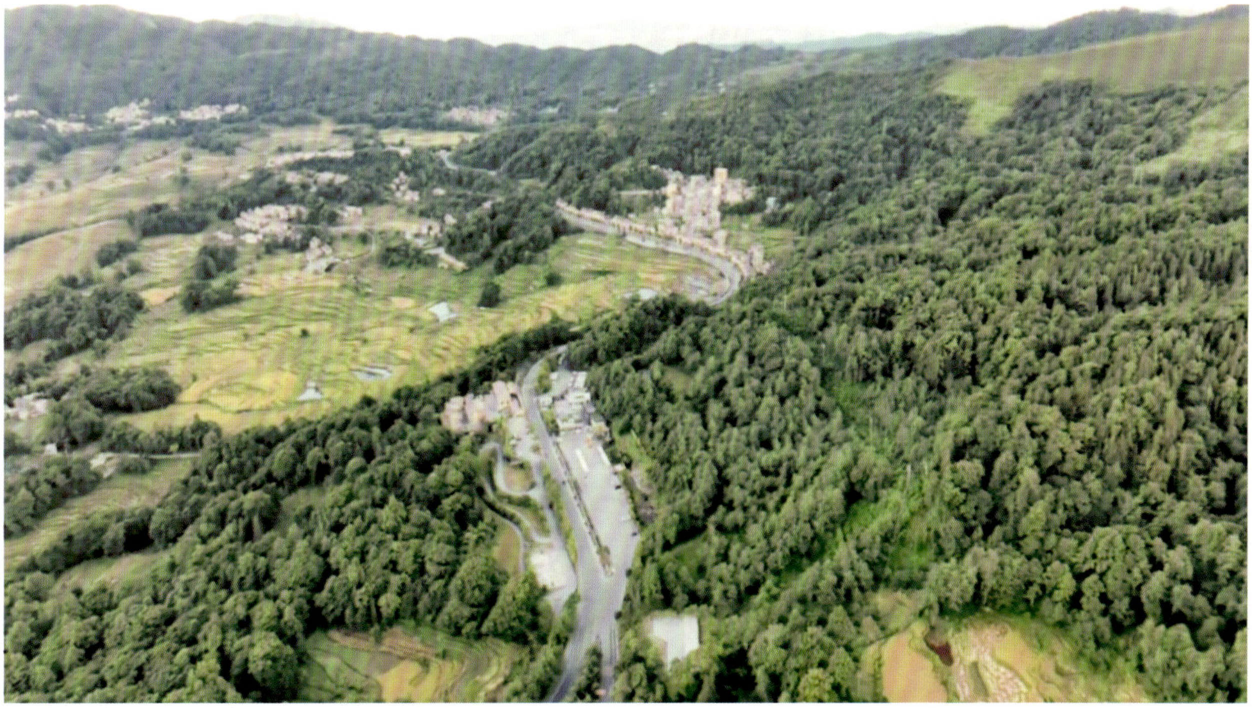

环驾china

2024 年

第六届环驾中国边境线

自游穿越第六届环驾中国边境线之旅
全体队员

领航车	阚善坚	周龙娣	胡珍香	吴 明
01号车	李 红	王 勇		
02号车	史德礼	桑庆红		
03号车	秦佳芳	张晓云	王正喜	
05号车	孙丽娟	谷玉珍		
06号车	郑晓曦	宋 青	王 萍	
08号车	刘垣生	穆乐红		
09号车	王有仁			
10号车	奚秀月	佟向红		
11号车	刘 越			
12号车	张亮鸣	陈荣章		
13号车	王大力	张 焰	王世东	
15号车	赵持琛			
16号车	李 文	万江华		
护航车	杨小岗	李炳辉	黄晓霞	顾翔芬

2024年第六届环驾中国边境线
第一段（北京—抚远）15天行程安排表

线路全程： 4400公里

风光指数： ★★★★☆

线路难度： ★★☆☆☆

行程节点：

北京—秦皇岛—盘锦—大连—丹东—集安—长白镇—长白山西坡—珲春—东宁—绥芬河—鸡西—兴凯湖—虎林—饶河—抚远

旅程用时：

行车时间15天，此为推荐时间，请根据行程预留1—2天

行程安排：

Day1 北京集结	Day2 北京行前会议
Day3 北京—秦皇岛	Day4 秦皇岛—盘锦
Day5 盘锦—大连	Day6 大连—丹东
Day7 丹东—集安	Day8 集安—长白镇
Day9 长白镇—长白山西坡	Day10 长白山西坡—珲春
Day11 珲春—东宁—绥芬河	Day12 绥芬河—鸡西—兴凯湖
Day13 兴凯湖—虎林	Day14 虎林—饶河—抚远
Day15 抚远休整	

Day1
2024 年 5 月 1 日

北京集结

签到、签协议、领物料、办理入住、拍照、拍视频留念；队员个人拍照、签到墙的合影

开幕式：2024 年环驾中国边境线之旅正式拉开帷幕

Day2
2024 年 5 月 2 日

北京行前会议

行前会议（会议流程及内容）行前培训

2024 年　第六届环驾中国边境线　　　　　　　　　　　　　　　　　　　247

Day3

2024年5月3日

北京—秦皇岛

激动的心、颤抖的手，终于迎来了这盼望已久的时刻，2024年环驾中国边境线之旅即将出发。此时此刻，我们激情澎湃，斗志昂扬，兴高采烈，用满满的正能量去迎接即将到来的挑战，为我们祝福吧，祝福我们平安归来！

Day4
2024 年 5 月 4 日

秦皇岛—盘锦

　　山海关也称作"天下第一关"，是我国古代历史上的著名关隘，千百年来经过岁月的沉淀，依然绽放着历史文化的光彩，源远流长，彰显着古人智慧的结晶。

2024 年　第六届环驾中国边境线

Day5
2024 年 5 月 5 日

盘锦—大连

旅顺日俄监狱旧址

一个旅顺口，半部中国近代史，甲午战争、日俄战争都发生在这里。日俄监狱，曾被日、俄两个国家在不同时期占领，里面保留着大量的史料介绍和刑具、刑场。

Day6

2024 年 5 月 6 日

大连—丹东

鸭绿江断桥

鸭绿江断桥跨于鸭绿江上，是丹东的标志性景点之一，它紧挨着鸭绿江大桥（中朝友谊桥），是抗美援朝战争的历史见证。它也是鸭绿江上诸多桥中的第一桥，1911 年为当时的日本侵略者所建。

Day7

2024年5月7日

丹东—集安

G228 起点

国道 G228 是从辽宁丹东到广西东兴的一条长约 7800 公里的公路，丹东是起点。

Day8
2024年5月8日

集安—长白镇

鸭绿江国门景区

位于吉林省集安市，以鸭绿江为界，与朝鲜慈江道满浦市（朝鲜第六大城市）隔江相望，鸭绿江大桥横亘于碧波之上，把我国的梅集铁路与朝鲜铁路连接贯通，这里是中朝铁路运输的三大枢纽之一，集安口岸是我国对外开放的一类口岸。

Day9

2024 年 5 月 9 日

长白镇—长白山西坡

长白镇

长白朝鲜族自治县是全国唯一的朝鲜族自治县，县政府在长白镇，与朝鲜的两江道惠山市隔江相望，小镇非常整洁，街上的文字都有两种标识——朝鲜语和汉语。夜景尤为好看，所有的街道、角落都灯火通明，值得好好逛一逛。

Day10

2024 年 5 月 10 日

长白山西坡—珲春

长白山天池

目前可以登顶的路径有三条，分别是北坡、南坡和西坡，我们选择的是从西坡登山。长白山西坡景区位于长白山天池西麓，这里有很多在北坡看不到的景观，比如锦江大峡谷、高山花园，你还能站在中朝两国界碑旁拍照留念。

2024 年　第六届环驾中国边境线

Day 11

2024 年 5 月 11 日

珲春—东宁—绥芬河

土字碑

位于防川中俄边界，1886 年中俄重勘珲春东部边界时重立。

Day12

2024 年 5 月 12 日

绥芬河—鸡西—兴凯湖

绥芬河口岸

绥芬河口岸是中俄边贸的第二大口岸，这里距俄罗斯仅一山之隔。绥芬河国门高 52 米，是目前中国北方最大的国门，可打卡中俄国界 357 号界碑，界碑的对面就是俄罗斯的乌苏里斯克（双城子），距俄罗斯远东第二大城市符拉迪沃斯托克（海参崴）近 220 公里，在这里可以看到 1、2、3 代的国门，见证着百年口岸的历史。

Day13

2024 年 5 月 13 日

兴凯湖—虎林

兴凯湖

兴凯湖原为中国内湖，1860 年中俄《北京条约》签定后，变成了中俄界湖。史书记载，唐代称为"湄沱湖"，以盛产"湄沱之鲫"驰誉；又因湖形如"月琴"，故金代有"北琴海"之称；清代后改为兴凯湖。兴凯湖是中俄边界上的浅水湖，为中俄界湖。

Day14

2024 年 5 月 14 日

虎林—饶河—抚远

珍宝岛

珍宝岛满语为"古斯库瓦郎",意为"军队营盘",是一个地处黑龙江支流乌苏里江主航道中方一侧的岛屿,是中国固有领土。珍宝岛全岛面积 0.74 平方公里,状如元宝而得名。该岛因 1969 年 3 月发生珍宝岛自卫反击战而驰名中外。

Day15

2024 年 5 月 15 日

抚远休整

东极广场

东极广场又称太阳广场，位于黑龙江省佳木斯市黑瞎子岛镇，地处抚远水道和乌苏里江交汇处，东隔乌苏里江与俄罗斯卡扎克维茨沃镇相望，北隔抚远水道与黑瞎子岛相邻，占地面积 3.6 万平方米。广场主要以河口广场、华夏东极主体雕塑、东极地景、"民族魂"旗帜雕塑墙、"历史之墙"、"四极之墙"观旗广场等景观组成。东极广场是我国陆地领土最东端的地标性景观。

2024 年第六届环驾中国边境线
第二段（抚远—满洲里）10 天行程安排表

线路全程： 288 公里

风光指数： ★★★★☆

线路难度： ★★☆☆☆

行程节点：

抚远—同江—嘉荫—黑河—呼玛—北红村—北极村—莫尔道嘎—黑山头—满洲里

旅程用时：

行车时间 10 天，此为推荐时间，请根据行程预留 1—2 天

行程安排：

Day16 抚远—同江	Day17 同江—嘉荫
Day18 嘉荫—黑河	Day19 黑河—呼玛
Day20 呼玛—北红村	Day21 北红村—北极村
Day22 北极村—莫尔道嘎	Day23 莫尔道嘎—黑山头
Day24 黑山头—满洲里	Day25 满洲里休整

Day16

2024 年 5 月 16 日

抚远—同江

同三公路起点标志塔

同三高速公路也称 010 国道（或"国道 010 线"、"G010 线"）始于黑龙江省同江市，终点为海南省三亚市，规划全长 5700 公里。是国家规划建设的"五纵七横"国道主干线中最长的一条，是唯一一条贯通中国沿海地区的高速公路。

街津口赫哲族民族村

Day17

2024 年 5 月 17 日

同江—嘉荫

嘉荫口岸

嘉荫口岸是 1989 年 4 月 8 日经国务院批准设立的对俄罗斯边贸一类口岸。1992 年，中俄两国政府又确立嘉荫—巴斯克沃口岸为国际客货运输口岸和江海联运港口。进出口货物主要以钢材、木材、大豆、蔬菜、水果为主。

萝北口岸

萝北口岸地处黑龙江省东北部，小兴安岭南麓与三江平原接壤处，黑龙江南岸萝北县名山镇境内。

Day18

2024 年 5 月 18 日

嘉荫—黑河

边疆村——俄罗斯族民族村

边疆村坐落在黑龙江省黑河市逊克县，是中国聚居俄罗斯族最多的村子，被誉为中国第一俄罗斯民族村，是个充满异国情调的小村庄。边疆村又称"小丁子村"，据说民国期间，往来的鄂伦春族皮货商人吴老大有个远房侄子叫吴双丁，吴老大平日里叫他小丁子，他是这里的第一个村民。

G331 最美龙江段

Day19

2024年5月19日

黑河—呼玛

鹿鼎山

鹿鼎山到底是金庸先生用了当地的真实山名，还是当地借用了《鹿鼎记》的大名呢？结论是后者。鹿鼎山原名"呼玛尔窝集山"，"窝集"系满语"密树丛林，冬夏不见天日"之意。2012年，窝集山更名为鹿鼎山，金庸先生亲笔题写了山名。

Day20

2024 年 5 月 20 日

呼玛—北红村

二十二站林场

二十二站林场位于大兴安岭林区东北部黑龙江畔，北以黑龙江主航道为界与俄罗斯相望，东南与塔河林业和草原局瓦拉干林场接壤，西与塔河林业和草原局沿江林场毗邻，东西长约 27 公里，南北宽约 25 公里。据《塔河县志》记载，在 1685 年（清康熙二十四年），清政府在抗击沙俄的雅克萨之战中为了传递军机，修筑了这些驿站。

位于龙江第一湾景区的中国最北点地标

Day21

2024年5月21日

北红村—北极村

北红村

北红村隶属黑龙江省大兴安岭地区漠河市北极镇。北红村地处漠河市东北部，黑龙江上游，中俄交界处，是中国最北端的村级行政区。北红村三面环山，黑龙江由西向东从村北穿过，是远离城市喧嚣的净土，真正的最北村庄。

最北哨所：在北红村的边防哨所

2024年　第六届环驾中国边境线

Day22

2024 年 5 月 22 日

北极村—莫尔道嘎

洛古河村

洛古河村为黑龙江的源头古村，也称"龙江第一村""源头第一村"，隶属于漠河市北极镇。北与俄罗斯波克罗夫村隔江相望，西距黑龙江省与内蒙古自治区交界线 8 公里，东距镇政府驻地北极村 50 多公里，东南距县城西林吉镇 90 公里。

苍狼白鹿

268　　　环驾中国

Day23

2024年5月23日

莫尔道嘎—黑山头

黑山头口岸

黑山头口岸距黑山头镇12公里，西隔中俄界河与俄罗斯的旧粗鲁海图口岸相望，两口岸直线距离1.5公里。北距室韦口岸水路250多公里，陆路230公里，南距呼伦贝尔市120公里。黑山头口岸的地理位置优越，是中俄双方通商往来的便捷通道。

巴尔虎蒙古部落

Day24

2024 年 5 月 24 日

黑山头—满洲里

室韦口岸

室韦口岸位于中俄界河额尔古纳河中游东端，在室韦镇的西南 0.5 公里处，南距额尔古纳市政府所在地拉布达林镇 168 公里，西隔额尔古纳河与俄罗斯奥洛契口岸相对。

室韦俄罗斯民族乡

Day25

2024 年 5 月 25 日

满洲里休整

0 号界碑

中俄蒙 0 号界碑是 1994 年根据《中华人民共和国政府、俄罗斯联邦政府和蒙古国政府关于确定三国国界交界点的协定》组织勘测后由中俄蒙三国共同竖立的。为了体现对这个特殊地点的重视，三个国家都将在此设立的界碑编为"0 号"。

庆功宴：满洲里金骄汗蒙餐厅，浓浓的蒙古风情

2024 年第六届环驾中国边境线
第三段（满洲里—哈密）12 天行程安排表

线路全程：3758 公里
风光指数：★★★★☆
线路难度：★★★☆☆

行程节点：

满洲里—新巴尔虎左旗—阿尔山—东乌珠穆沁旗—二连浩特—满都拉—甘其毛都—乌力吉口岸—苏宏图—额济纳旗—伊吾—大海道—哈密

旅程用时：

行车时间 12 天，此为推荐时间，请根据行程预留 1—2 天

行程安排：

Day26 满洲里—新巴尔虎左旗	Day27 新巴尔虎左旗—阿尔山
Day28 阿尔山—东乌珠穆沁旗	Day29 东乌珠穆沁旗—二连浩特
Day30 二连浩特—满都拉—甘其毛都	Day31 甘其毛都—乌力吉口岸—苏宏图
Day32 苏宏图—额济纳旗	Day33 额济纳旗游玩
Day34 额济纳旗—伊吾	Day35 伊吾—大海道
Day36 大海道—哈密	Day37 哈密休整

Day26
2024 年 5 月 26 日

满洲里—新巴尔虎左旗

满洲里国门

满洲里国门位于满洲里市西部中俄边境处我国一侧。国门总长 105 米，高 43.7 米，宽 46.6 米，于 2008 年建成。国门庄严肃穆，在国门门体上方嵌着"中华人民共和国"七个鲜红大字，上面悬挂国徽，国际铁路从下面通过。

呼伦湖

Day27

2024 年 5 月 27 日

新巴尔虎左旗—阿尔山

诺门罕战役遗址

诺门罕战役遗址位于内蒙古自治区新巴尔虎左旗。二战期间，在现今新巴尔虎左旗诺门罕布尔德地区哈拉哈河中下游两岸，爆发了一场震惊世界的战争。这场战役实际是日本和苏联之间的一场局部战争。

阿尔山小火车站

Day28

2024 年 5 月 28 日

阿尔山—东乌珠穆沁旗

珠恩嘎达布其口岸

珠恩嘎达布其口岸位于中蒙边境 1046 号界碑处，历史上称为"蒙马处"，是中蒙两国边民世代友好的通商要道和重要枢纽。1992 年被国务院批准为国家一类季节性口岸，2004 年确定为国际性常年开放口岸，2008 年正式实现国际性常年开放，2009 年被列入《辽宁沿海经济带发展规划》三条通疆达海通道之一，明确为向俄、蒙开放的重要窗口。

乌利亚斯泰山旅游度假区

Day29

2024 年 5 月 29 日

东乌珠穆沁旗—二连浩特

二连浩特国门

二连浩特国门被誉为祖国的北大门，矗立于中蒙边境，门楣上嵌有"中华人民共和国"七个大字。国门横跨铁路，共 4 层，高 21 米，长 71.4 米，宽 13 米，建筑面积 2406 平方米。拾级而上，站在国门顶层向北远眺，是具有俄罗斯建筑风格的蒙古国边城扎门乌德火车站大楼。

G331 5555 公里处

Day30

2024 年 5 月 30 日

二连浩特—满都拉—甘其毛都

满都拉口岸

满都拉口岸位于内蒙古自治区包头市达尔罕茂明安联合旗（简称达茂旗）边境苏木（乡）满都拉镇，在达茂旗正北方 124 公里处，中蒙边境 757 界碑处，是 1992 年经自治区政府批准开通的二类季节性公路口岸。2015 年 5 月 13 日，该口岸经国务院批准为常年开放性口岸。

甘其毛都口岸

2024 年　第六届环驾中国边境线

Day31

2024 年 5 月 31 日

甘其毛都—乌力吉口岸—苏宏图

乌力吉口岸

乌力吉口岸在阿拉善左旗乌力吉苏木境内，对内辐射西北、华北、华中等地区，并与欧亚大陆桥连通；对外辐射蒙古国巴音洪格尔、南戈壁、前杭盖、后杭盖和戈壁阿尔泰五个省。乌力吉口岸是继策克口岸之后的内蒙古阿拉善第二个边贸新通道。

Day32

2024年6月1日

苏宏图—额济纳旗

策克口岸

策克口岸位于内蒙古额济纳旗境内，距额济纳旗府达来呼布镇77公里，东距巴彦淖尔市甘其毛都口岸800公里，西距新疆老爷庙口岸1200公里，与蒙古国南戈壁省西伯库伦口岸对应。对外辐射蒙古国南戈壁、巴音洪格尔、戈壁阿尔泰、前杭盖、后杭盖五个畜产品和矿产品资源较为富集的省区。

Day33

2024年6月2日

额济纳旗游玩

畅游额济纳胡杨林

傍晚的额济纳

280

环驾中国

Day34

2024年6月3日

额济纳旗—伊吾

伊吾胡杨林

新疆有很多胡杨林，伊吾胡杨林最为奇特。伊吾县原始胡杨林距淖毛湖镇10公里，是中国境内分布最为集中的胡杨林，也是世界仅存的三片胡杨林之一，其面积达47.6万亩。

Day35

2024 年 6 月 4 日

伊吾—大海道

东天山景区

哈密地处东天山，素有"一日游四季，十里不同天"和"新疆风光缩影"之称。雄伟的天山山脉横贯哈密全境，将哈密市一分为二，形成了山南、山北迥然不同的两个气温带。山北，雪山耸峙，松涛阵阵，凉风送爽；山南，大漠戈壁，高温酷暑，日照充沛。

大海道

Day36

2024年6月5日

大海道—哈密

大海道穿越

Day37

2024 年 6 月 6 日

哈密休整

第三段顺利结束，热闹的庆功宴，正好是力哥的生日！

力哥生日快乐！

2024年第六届环驾中国边境线
第四段（哈密—喀什）20天行程安排表

线路全程： 8364公里
风光指数： ★★★★☆
线路难度： ★★☆☆☆

行程节点：

哈密—巴里坤湖—江布拉克—富蕴—布尔津—哈巴河—喀纳斯—吉木乃—塔城—阿拉山口—霍尔果斯—伊宁—昭苏—特克斯—巴音布鲁克—库车—阿克苏—阿合奇—喀什

旅程用时：

行车时间20天，此为推荐时间，请根据行程预留1—2天

行程安排：

Day38 哈密—巴里坤湖—江布拉克	Day39 江布拉克—富蕴
Day40 富蕴—布尔津	Day41 布尔津—哈巴河
Day42 哈巴河—喀纳斯	Day43 喀纳斯游玩
Day44 喀纳斯—吉木乃	Day45 吉木乃—塔城
Day46 塔城—阿拉山口	Day47 阿拉山口—霍尔果斯
Day48 霍尔果斯—伊宁	Day49 伊宁—昭苏—特克斯
Day50 特克斯—巴音布鲁克	Day51 巴音布鲁克游玩
Day52 巴音布鲁克—库车	Day53 库车—阿克苏
Day54 阿克苏—阿合奇—喀什	Day55 喀什—乌恰—喀什
Day56 喀什休整	Day57 喀什休整

Day38

2024 年 6 月 7 日

哈密—巴里坤湖—江布拉克

巴里坤湖

古称蒲类海，位于新疆巴里坤县西北 18 公里处，是一个高原湖泊，海拔 1585 米，四周山峦起伏，水草丰美，湖中碧波荡漾，独具"迷离密市罩山峦"的奇观。巴里坤湖湖面略成椭圆形，东西宽约 9 千米，南北长约 13 千米，面积约 113 平方千米，湖东有大片沼泽湿地，湖周是辽阔的牧场。

Day39

2024年6月8日

江布拉克—富蕴

千里画廊

在去富蕴的路上，打卡千里画廊。

可可托海3号矿坑

在新疆准噶尔盆地的东北边缘，阿尔泰山脉的东端南麓，额尔齐斯河的源头，有一个被列为国家高度机密的区域——可可托海。在这里隐藏着一个神秘大坑——可可托海3号矿坑。

Day40

2024 年 6 月 9 日

富蕴—布尔津

乌伦古湖

乌伦古湖又名"布伦托海""福海"。位于准噶尔盆地北部，福海县城西北，是新疆仅次于博斯腾湖的第二大渔业基地。由面积 165 平方公里的吉力湖（小海子）和面积 730 平方公里的乌伦古湖两个水域组成。

五彩滩

Day41

2024 年 6 月 10 日

布尔津—哈巴河

西北之北纪念碑

在中国版图最西北的"雄鸡"尾尖上有这样一片土地，它是中国西北之北、与中亚国家哈萨克斯坦接壤的地方，也是中国西北边境额尔齐斯河流入北冰洋的出境口处。作为中哈边界线的阿拉克别克河在这里缓缓流过，河的东岸就是被称作"西北边境第一团"的新疆生产建设兵团农业第十师一八五团的所在地。

白沙湖

Day42

2024 年 6 月 11 日

哈巴河—喀纳斯

克勒迭能村

从哈巴河县城北行不远，车拐进一处岔路，眼前是连绵的大山。走过长长的盘山路，路边闪出一排排尖顶的木屋，这就是"云中村"克勒迭能村。哈巴河县加依勒玛乡克勒迭能村，距离县城只有 41 公里，"克勒迭能"的意思是"横着的山"，这里山路崎岖，出行难一度困扰着村民。

白哈巴

Day43

2024年6月12日

喀纳斯游玩

喀纳斯景区

　　位于新疆阿尔泰山中段，地处中国与哈萨克斯坦、俄罗斯、蒙古接壤的黄金地带。喀纳斯景区素有"人间净土"之美誉，区内共有大小景点55处，分属33种基本类型。

Day44

2024年6月13日

喀纳斯—吉木乃

喀纳斯—东兴公路

又称219国道、G219、国道219线、新藏公路、喀东线，北起新疆北部喀纳斯，南至广西东兴市。经过新疆、西藏、云南、广西4个省（区），是中国西北、西南地区的边境公路。线路全长10068.637千米。我们这天正式踏上国道219的征程！

吉木乃口岸

Day45

2024 年 6 月 14 日

吉木乃—塔城

草原神石城景区

位于吉木乃县托斯特乡境内，距吉木乃县城 40 公里，在托斯特乡冬牧场内，景区总面积达 270 平方公里，其中核心区域面积达 67 平方公里。景区内的山脊和山坡上怪石林立，规模宏大，是由溶蚀和风蚀作用形成的造型奇异的花岗岩地貌。

和布克赛尔

Day46

2024年6月15日

塔城—阿拉山口

小白杨哨所

是中哈边界中国新疆塔城地区的塔斯提哨所。20 世纪 80 年代初哨所一名伊犁籍锡伯族战士程富胜回家探亲，把边防哨所的故事讲给母亲听，母亲鼓励他在部队好好干，别想家，还让他带 10 株白杨树苗回哨所种上，叮嘱他要像白杨树一样扎根边疆，为祖国守好边疆，激励哨所官兵卫国戍边。

阿拉山口口岸

Day47

2024 年 6 月 16 日

阿拉山口—霍尔果斯

果子沟大桥

　　天山南北，新疆大地，有一座震撼世界的大桥——果子沟大桥。这座大桥，彰显中国基建世界首屈一指的水平。无论是悬崖还是深海，都难不住我们的工程师。

2024 年　第六届环驾中国边境线

295

Day48

2024 年 6 月 17 日

霍尔果斯—伊宁

霍尔果斯口岸

是新疆最大的陆路与铁路综合性口岸，是新疆口岸之首。位于中国新疆伊犁哈萨克自治州霍尔果斯市，与哈萨克斯坦隔霍尔果斯河相望。

伊宁老城六星街

Day49

2024 年 6 月 18 日

伊宁—昭苏—特克斯

伊昭公路

新疆境内的伊昭公路被誉为"小独库公路"，每年这条独特的公路只开通 4 个月时间，司机可以在短短的时间内体验到不同的气候和自然环境。伊昭公路全长 180 公里，是一条从伊宁直达昭苏的绝美景观大道，更是夏季新疆最美的道路之一。在这条公路沿线，藏着祖国最灿烂的花海，最浪漫的草原，最原始的秘境，去一次足以回味一生。

特克斯八卦城

Day50

2024 年 6 月 19 日

特克斯—巴音布鲁克

唐布拉草原

阿吾拉勒山北坡唐布拉沟东侧有几处突兀的岩石，岩石酷似玉玺、印章，唐布拉意即"印章"。唐布拉草原景点众多，据说有 113 条沟，每条沟都有各自的特色。

乔尔玛革命烈士陵园

Day51

2024 年 6 月 20 日

巴音布鲁克游玩

巴音布鲁克

　　位于新疆巴音郭楞蒙古自治州和静县西北、天山山脉中部的山间盆地中，四周为雪山环抱，海拔约 2500 米，面积约 1259.4 平方千米，是中国第二大草原，仅次于内蒙古呼伦贝尔大草原。巴音布鲁克蒙古语意为"富饶的泉水"，草原地势平坦，水草丰茂，是典型的草甸草原，也是新疆最重要的畜牧业基地之一。

Day52

2024年6月21日

巴音布鲁克—库车

大龙池、小龙池

　　如两块晶莹剔透的翡翠，镶嵌在雪峰环绕的半山腰。大龙池地处库车北部、天山深处。由天山雪水融汇而成，水域宽阔，清澈见底，四周环山终年白雪皑皑。距离大龙池约4公里的地方就是小龙池，小龙池水来自大龙池，由地下暗河汇集而成，水从中流出，形成瀑布。

天山神秘大峡谷

Day53

2024 年 6 月 22 日

库车—阿克苏

温宿大峡谷

曾是通往南北天山古代驿路木扎特古道的必经之地，当地人称之为"库都鲁克"，维吾尔语意为"惊险，神秘"。峡谷位于阿克苏市温宿县，距国道 314 线 30 公里左右，总面积 200 平方公里。温宿大峡谷是中国西部最美的丹霞地质奇景、中国最大的岩盐喀斯特地质胜景。

Day54

2024 年 6 月 23 日

阿克苏—阿合奇—喀什

阿合奇猎鹰之乡

柯尔克孜族驯鹰习俗，流行于新疆维吾尔自治区阿合奇县的传统民俗活动，国家级非物质文化遗产之一。驯鹰习俗是柯尔克孜族长期以来形成的一种游牧民族的主要生产生活习俗。

Day55

2024年6月24日

喀什—乌恰—喀什

两山交会地貌

天山和昆仑山在乌恰县境内交会。天山横跨中国、哈萨克斯坦、吉尔吉斯斯坦、乌兹别克斯坦四国，是世界上最大的独立纬向山系，也是世界上距离海洋最远的山系。昆仑山有中国第一神山、万山之祖的美称，是中国西部山系的主干。现在我们来到乌恰县境内的两山交会地带，一路都看到红色的山体。这些山岩与单纯的丹霞地貌还不一样，是不同的红色夹杂在一起。

西极点

Day56

2024 年 6 月 25 日

喀什休整

我在喀什有棵石榴树，有幸参加了怡宝矿泉水赞助的公益活动，非常有意义！

Day57

2024 年 6 月 26 日

喀什休整

喀什古城

都说"不到喀什，不算到新疆；不到古城，不算到喀什。"行走在喀什古城景区的街巷中，有种穿越时空的错觉，也可以深刻体会到这句话的真谛。一边是高楼林立的新城，一边是古老的迷宫式建筑群；一边是传统铁匠铺里传出的"叮叮当当"的敲打声，一边是咖啡店里飘出的阵阵香味……传统与现代在喀什古城和谐共生。

2024 年第六届环驾中国边境线
第五段（喀什—拉萨）19 天行程安排表

线路全程： 8364 公里

风光指数： ★★★★☆

线路难度： ★★☆☆☆

行程节点：

喀什—塔县—红其拉甫—塔县—叶城—三十里营房—日土—霞义沟—札达—普兰—帕羊—吉隆沟—樟木沟—定日—亚东沟—浪卡子—拉萨

旅程用时：

行车时间 19 天，此为推荐时间，请根据行程预留 1—2 天

行程安排：

Day58 喀什—塔县	Day59 塔县—红其拉甫—塔县
Day60 塔县—叶城	Day61 叶城休整
Day62 叶城—三十里营房	Day63 三十里营房—日土
Day64 日土—霞义沟—札达	Day65 札达
Day66 札达—普兰	Day67 普兰—帕羊
Day68 帕羊—吉隆沟	Day69 吉隆沟游玩
Day70 吉隆沟—樟木沟	Day71 樟木沟—定日
Day72 定日—亚东沟	Day73 亚东沟—浪卡子
Day74 浪卡子—拉萨	Day75 拉萨休整
Day76 拉萨休整	

Day58

2024 年 6 月 27 日

喀什—塔县

中巴友谊公路

　　喀喇昆仑公路的别称，公路经过峡谷、草原、高原、湖泊、湿地等等，沿途美景不断，是最高、最美的国际公路，虽说没有 G318 或独库公路名气大，但也是一条毫不逊色的边陲之路。中巴友谊公路是世界最险峻的公路之一，起于中国新疆喀什，止于巴基斯坦达科特，境内段 415 公里，穿越喀喇昆仑山脉、兴都库什山脉、帕米尔高原、喜马拉雅山脉和克什米尔地区，是连接中国和巴基斯坦的中巴友谊之路。

木吉火山

Day59

2024年6月28日

塔县—红其拉甫—塔县

红其拉甫口岸

红其拉甫口岸位于中国新疆喀什地区塔什库尔干塔吉克自治县境内，同巴基斯坦毗邻，北距塔什库尔干县城125公里，是国家批准对外开放的一类口岸，1986年5月1日正式向第三国人员开放。红其拉甫风光壮美，但由于环境恶劣素有"死亡山谷"之称。生活在红其拉甫山口周边的居民多数是塔吉克族，他们被称为"天上人家"。

瓦罕走廊

Day60

2024 年 6 月 29 日

塔县—叶城

瓦恰公路

（盘龙古道）全长 70 公里，其中盘龙古道长 30 公里，海拔从 3000 米到 4100 多米，整个落差达到 1100 多米。为了保证行车安全，这 30 公里的山路建了 639 个弯道，而且基本都是 180 度的 S 弯，这样的路对于司机来说绝对是一种考验。

慕士塔格冰川公园

Day61

2024年6月30日

叶城休整

锡提亚迷城

新疆的沙海中沉睡着一座千年古城，在这里，你寻求不到繁荣盛世的面貌，唯一能目睹的是随处可见的陶、瓷碎片，灰土，红烧土以及人骨遗存。古城之中一堆堆被岁月风蚀过的黄土台子或为墙，或为墓；一件件出土的陶罐、铜制品、装饰品和一枚枚钱币，为世人印证了一个朝代的兴衰。破损的城垣、风干的古尸、摇曳的残枝，留给人们太多的迷惑，这就是锡提亚迷城。

Day62

2024年7月1日

叶城—三十里营房

新藏线起点

叶城是新藏线的起点，后来被并入 G219 国道，这是进藏线路中最难的一条，所以被称为"勇者之路"！

昆仑山

Day63

2024年7月2日

三十里营房—日土

康西瓦烈士陵园

康西瓦烈士陵园坐落于和田地区皮山县、219国道旁，海拔4280米，中印1962年战争后建立。1962年10月20日，在西段地区，新疆军区组织机动部队和边防一线守点分队共约1个加强团的兵力，在北起神仙湾，南至扎西岗，正面600公里的地域内，配合东段我军主力作战，于天文点、河尾滩、空喀山口、阿里4个方向对入侵的印军之114旅实施反击，全部清除了印军入侵设立的43个据点，给敌人以沉重打击。

西藏界

Day64

2024年7月3日

日土—霞义沟—札达

霞义沟

札达土林国家地质公园的霞义沟，位于西藏阿里地区札达县香孜乡境内，是札达土林众多精品景点之一，目前还未完全探索开发，原始景观至真至美，是世界丹霞地貌的"夜明珠"，之所以这样称呼，是因为它少有人知。

札达土林

Day65

2024年7月4日

札达

古格王朝遗址

　　位于西藏阿里地区札达县托林镇，9世纪中叶，吐蕃王朝崩散，部分王室后人逃往阿里，建立了三个小王国，其中德祖衮在10世纪前后建立古格王朝。巍峨的古格故城坐落于阿里札达县扎布让区境内托林镇西北的象泉河南岸，距县城19公里。

札达县

Day66

2024年7月5日

札达—普兰

玛旁雍错

中国湖水透明度最高的淡水湖泊。藏语意为"不败、胜利",有"神湖"之称,也是亚洲四大河流的发源地,有"世界江河之母"的美誉,唐朝高僧玄奘在《大唐西域记》中称其为"西天瑶池"。其东面为马泉河,南面为孔雀河,西面为象泉河,北面为狮泉河。

冈仁波齐

Day67

2024 年 7 月 6 日

普兰—帕羊

公珠措

  位于中国西藏自治区阿里地区普兰县境内，地处普兰县东部，喜马拉雅山和冈底斯山之间的断陷盆地内。G219 国道经过湖北岸。因为在玛旁雍错附近，拉昂错和公珠措便似沾了光，在世人的眼光里也有了一席之地。目前公珠措没有得到开发，是一块风景原始的处女地。

杰玛央宗冰川

Day68

2024 年 7 月 7 日

帕羊－吉隆沟

吉隆沟

吉隆沟是西藏日喀则地区 5 条沟中最靠西的一条。4000 多万年前，这一带地壳的变迁是以"撕裂"的形式完成的，吉隆沟恰到好处地发育在断层中。在喜马拉雅山被"撕裂"的山体中，吉隆沟是一条又深又长的沟。

吉隆口岸 8 号界碑

Day69

2024 年 7 月 8 日

吉隆沟游玩

乃夏村

西藏自治区日喀则市吉隆县吉隆镇辖村，吉隆是西藏日喀则地区偏远的边境县，与尼泊尔接壤。是国家级珠峰自然保护区的核心区，拥有世界级的自然风光，素有"人间天堂""珠穆朗玛后花园"的美誉。这里被称为"西藏最后的秘境"，乃夏村的雪山草地和湖水倒影，构成了一幅美丽的画卷。

乃夏村四面雪山的空气好清新

Day70

2024年7月9日

吉隆沟—樟木沟

佩枯错希峰观景台

佩枯错湖和希夏邦马峰位于日喀则市吉隆县与聂拉木县交界处。佩枯错湖三面环山，地形开阔，鱼类资源丰富，湖岸有野马、藏野驴、藏羚羊、仙鹤、黄鸭、灰鸭等动物出没。据说，到了深秋时节，岸边水鸟栖息畅游，将佩枯错湖衬托得更显风姿。湖的西南就是希夏邦马峰，雄伟壮观。湖水宁静而幽美。

G318 终点

2024年 第六届环驾中国边境线

Day71
2024 年 7 月 10 日

樟木沟—定日

珠峰大本营

是观看珠峰核心区景色而设立的生活地带，中国境内的有两个，西坡大本营在西藏自治区日喀则地区定日县扎西宗乡，东坡大本营在定日县曲当乡的嘎玛沟地带，海拔 5200 米，与珠峰峰顶的直线距离约 19 公里。

加吾（乌）拉山口

Day72

2024 年 7 月 11 日

定日—亚东沟

奇林峡风景区

位于喜马拉雅山脉之下，是一条巨大的沟壑，惊险又刺激。很难想象，当年这里是怎样产生的，在自然的鬼斧神工之下，这里又经历了如何的天崩地裂。站在巍峨的山上，你可以把周围所有的小山都看到。

G219 国道 5000 公里处

Day73

2024 年 7 月 12 日

亚东沟—浪卡子

亚东口岸

亚东口岸是中印两国间最大的陆路通商口岸，也是西藏境内条件最好的国家一类口岸。这里也叫乃堆拉山口，藏语意为"风雪最大的地方"，位于喜马拉雅山脉东侧的西藏日喀则亚东县与印度锡金邦的交界处，海拔 4545 米，是世界上最高的公路贸易通道。山口距亚东县 31 公里，两千多年前，乃堆拉山口附近的则里拉山口便是"丝绸之路"南线的主要通道，也是中印两国的边贸点。

卓木拉日雪山

Day74

2024年7月13日

浪卡子—拉萨

卡若拉冰川

亚东旅游资源主要有"一泉两寺、一湖一山、一草一木"，即康布温泉、东嘎寺、噶举寺、多庆湖、卓木拉日雪山、帕里草原、下亚东乡原始森林、亚东沟自然风光等。

羊卓雍措

Day75

2024年7月14日

拉萨休整

布达拉宫

位于西藏自治区拉萨市区西北的玛布日山（红山）上。布达拉宫由吐蕃第三十三代藏王松赞干布主持兴建，建于631年，后随着吐蕃王国解体，其因天灾人祸而遭严重破坏。1645年，五世达赖喇嘛为巩固政教合一的甘丹颇章地方政权，重建布达拉宫，往后不断扩建逐至形成现在的规模。

Day76

2024年7月15日

拉萨休整

2024年　第六届环驾中国边境线

2024 年第六届
环驾中国边境线第六段（拉萨—景洪）22 天行程安排表

线路全程：8364 公里
风光指数：★★★★☆
线路难度：★★☆☆☆

行程节点：
拉萨—洛扎—措美—隆子—扎日沟—索松村—波密—墨脱—然乌—察隅—察瓦龙—丙中洛—独龙江—泸水—腾冲—瑞丽—镇康—沧源—西盟—惠民—景洪—磨憨—景洪

旅程用时：
行车时间 22 天，此为推荐时间，请根据行程预留 1—2 天

行程安排：

Day77 拉萨—洛扎	Day78 洛扎—措美
Day79 措美—隆子	Day80 隆子—扎日沟
Day81 扎日沟—索松村	Day82 索松村—波密
Day83 波密—墨脱	Day84 墨脱—然乌
Day85 然乌—察隅	Day86 察隅—察瓦龙
Day87 察瓦龙—丙中洛	Day88 丙中洛—独龙江
Day89 独龙江游玩	Day90 独龙江—泸水
Day91 泸水—腾冲	Day92 腾冲—瑞丽
Day93 瑞丽—镇康	Day94 镇康—沧源—西盟
Day95 西盟—惠民	Day96 惠民—景洪
Day97 景洪—磨憨—景洪	Day98 景洪休整

Day77

2024年7月16日

拉萨—洛扎

羊卓雍措鲁日拉观景台

　　观看羊卓雍措最佳位置是在鲁日拉观景台附近的一座海拔5100米的山顶。当颠簸的车子跃上山顶的一刹那，你会被这蓝天白云下湛蓝的湖水所震撼，这里视野开阔，数不清的大大小小岛屿漂浮在湖中，居高临下将羊卓雍措湖光山色尽收眼底。

日托寺

Day78

2024 年 7 月 17 日

洛扎—措美

白马林措

位于洛扎县色乡措玉村白马林沟，传说是藏传佛教宁玛派初祖莲花生大师的三大魂湖之一，这里风景秀丽，湖色因水的深浅和周边的景色呈现出蓝、绿、白三种颜色。湖的周围散落着莲花生大师的手印和足印，还有他修行过的洞府和伏藏地。

库拉岗日雪山

Day79

2024年7月18日

措美—隆子

拿日雍措

是西藏自治区山南市错那县最大的湖泊,位于县城北20公里的曲卓木乡,总面积58.33平方公里,海拔4900米,像蓝宝石般镶嵌在雪山草原之间。

对印自卫反击战张国华将军前线指挥部旧址

Day80

2024 年 7 月 19 日

隆子—扎日沟

扎日乡

扎日乡的海拔 2900 米左右，周围都是原始森林，巍巍高山被茂密的原始森林所遮掩，远处山顶偶有积雪，云雾缭绕的小镇犹如江南秀美的画卷。这里气候温暖湿润，与拉萨及后藏的干燥气候形成了鲜明对比。扎日乡地处喜马拉雅山脉东段的北麓，是西藏山南地区隆子县的一个边境小镇，距县城 200 多公里。

G219 国道 5555 公里处

Day81

2024 年 7 月 20 日

扎日沟—索松村

珞瓦新村

政府从 2017 年开始在扎日乡及朗久地区南部的山谷里修建珞瓦新村，并鼓励周边居民入住。建成并投入使用后，不断有居民搬入珞瓦新村，使村庄规模不断扩大。到 2023 年初，珞瓦新村已有超过 300 户人家，规模已经相当大。

雅鲁藏布大峡谷

Day82

2024 年 7 月 21 日

索松村—波密

通麦特大桥

通麦特大桥是川藏公路南线 318 国道线上著名的通麦天险路段的咽喉工程，在同样的位置分布着不同历史时期的三座跨江大桥。通麦特大桥为单塔斜跨大桥，原来的两座大桥已经暂停了机动车辆通行。

我牵着你的手一起走

Day83

2024 年 7 月 22 日

波密—墨脱

墨脱县

墨脱县是中华人民共和国西藏自治区林芝市下辖的一个县，位于西藏东南部雅鲁藏布江下游，雅鲁藏布大峡谷主体段都在该县境内。平均海拔 1200 米，最低海拔 115 米。是一个以门巴族、珞巴族为主，藏族、汉族等和睦共处的多民族聚居区。

果果糖大转弯

2024 年　第六届环驾中国边境线

Day84

2024 年 7 月 23 日

墨脱—然乌

然乌湖

位于昌都地区八宿县西南角，距离白玛镇约 90 公里，面积为 22 平方公里，为藏东第一大湖。湖面的海拔高度为 3850 米。然乌湖意为"尸体堆积在一起的湖"，传说湖里有头水牛，湖岸有头黄牛，它们互相较量角力，死后化为大山，两山相夹的便是然乌湖。

来古冰川

Day85

2024 年 7 月 24 日

然乌—察隅

来古冰川

是一组冰川的统称，位于西藏昌都地区八宿县然乌镇境内，紧邻然乌湖，是帕隆藏布的源头，冰雪融水流进然乌湖，湖畔是茂密的原始森林，还有很多原始的藏族村落，包括美西、亚隆、若骄、东嘎、雄加和牛马冰川，该冰川群中亚隆冰川最为壮观。

来古冰川

Day86

2024 年 7 月 25 日

察隅—察瓦龙

丙察察公路

　　是指从云南贡山县丙中洛镇—西藏察隅县察瓦龙乡—西藏察隅县城的一条全长 287 公里的进藏线路，是滇藏新通道里改造难度最大的路段。**丙察察公路**曾经是进藏越野路线的终极代表，由于道路艰险、路况复杂、对车及司机驾驶经验都有一定要求等因素，逐渐成为众多自驾游爱好者喜欢挑战的路线。

G219 国道 6666 公里处

Day87

2024 年 7 月 26 日

察瓦龙—丙中洛

大流沙

　　是丙察察公路一处非常危险的地段，长一公里左右，因地处干热型河谷，岩石风化严重，常年有流沙从山坡滑落，久而久之就形成了一个巨大的滑坡。丙察察公路刚好从坡底通过，另一侧就是滚滚的怒江。每次通过时都要格外小心。

西藏自治区与云南省界

Day88

2024年7月27日

丙中洛—独龙江

怒江第一湾

怒江流经云南贡山县丙中洛镇日丹村附近，由于王箐大悬岩绝壁的阻隔，江水的流向从由北向南改为由东向西，流出300余米后，又被丹拉大山挡住去路，只好再次掉头由西向东急转，在这里形成了一个半圆形大湾，称为"怒江第一湾"。

独龙江

Day89

2024年7月28日

独龙江游玩

哈滂瀑布

位于云南省贡山独龙族怒族自治县独龙江乡马库村，是中国和缅甸的交界处。"哈滂"是独龙语，意思为"万丈悬崖缺口跌落下来一股巨大的水"。哈滂瀑布从陡峭山峰间跌落形成高约200米的跌水，巨大的水柱轰鸣着顺着悬崖喷涌而下，直冲进独龙江中，溅起几丈高的水柱，蔚为壮观。

2024年　第六届环驾中国边境线

Day90

2024 年 7 月 29 日

独龙江—泸水

远征军第一渡口

1942 年 2 月 26 日，中国远征军约 10 万人奉命入缅对日作战。入缅后，远征军官兵勇猛作战，用自己的血肉之躯创造了辉煌的战绩。

老姆登基督教堂

Day91

2024年7月30日

泸水—腾冲

亚洲第一大榕树

　　这棵大榕树是一棵高山榕，树龄700年，树高28米，胸围28.48米，胸径9.07米，树很粗大，大约需要15个成年人手拉手方能合围抱住，其大小与旁边的车形成了鲜明对比。"亚洲第一大榕树"所在的丙闷村，是一个典型的傣族村寨，保留着浓郁的民族特色。

龙江大桥

Day92

2024 年 7 月 31 日

腾冲—瑞丽

姐告口岸

距离瑞丽市区东南 4 公里，位于瑞丽江的东岸，面积 1.92 平方公里，与缅甸木姐镇紧紧相连，是瑞丽市跨江唯一的村镇，陆路直接与缅甸相连，历史上称为"飞地"。过去渡江仅靠竹筏、木舟摆渡，1989 年修建跨江的姐告大桥，连通两岸。

姐告口岸

Day93

2024 年 8 月 1 日

瑞丽—镇康

畹町口岸

位于云南省西部，德宏傣族景颇族自治州南部，与缅甸邻邦一河之隔，与缅北重镇九谷市隔河相望，总面积 103 平方公里，国境线 28.646 公里，地处 G320 国道终点，系我国通往缅甸及东南亚的咽喉，国家一级口岸。

勐焕大金塔

Day94

2024年8月2日

镇康—沧源—西盟

南伞口岸

位于云南省临沧市镇康县城西南的南伞镇,与缅甸的果敢相邻,是中缅边民互市口岸,国境线37.358公里。镇郊3公里处置有中、缅两国界桩。

翁丁原始部落

Day95

2024年8月3日

西盟—惠民

老达保音乐小镇

在云南普洱有个非常偏远的地方，叫老达保，这里被人称为"音乐小镇"。近500人的一个拉祜族村寨，没有一个人有音乐理论，但80%以上的人却可以用五声部合唱，音乐已经融入人们的血液当中。拉祜族，是一个古老的民族，在历史上被称为"猎虎的民族"。

老达保音乐小镇

Day96

2024 年 8 月 4 日

惠民—景洪

糯干古寨、翁基古寨

位于云南省的西南边陲，是普洱茶的核心产区，有万亩千年古茶树，东邻西双版纳，南邻缅甸，两座古寨属于云南省普洱市澜沧拉祜族自治县惠民镇。

Day97

2024 年 8 月 5 日

景洪—磨憨—景洪

磨憨口岸

与老挝口岸对接，是中老两国的国家级一类口岸。磨憨是中国南端的边塞小镇，隶属于中国云南省西双版纳傣族自治州勐腊县。

望天树

Day98

2024 年 8 月 6 日

景洪休整

告庄西双景为傣语，汉语意为"九塔十二寨"，旨在重现古时景洪盛景，打造一个繁华昌盛的"景洪城中之城"。其根植于西双版纳傣族文化，融合大金三角、湄公河流域傣泰文化精华，引进现代前沿思想，铸就西双版纳城市新名片。

景洪庆功宴

348

环驾中国

2024年第六届环驾中国边境线
第七段（景洪—阳江）12天行程安排表

线路全程：2245 公里
风光指数：★★★★☆
线路难度：★★☆☆☆

行程节点：

景洪—江城—元阳—金平—河口—麻栗坡—靖西—那坡—凭祥—东兴—北海—徐闻—阳江

旅程用时：

行车时间 12 天，此为推荐时间，请根据行程预留 1—2 天

行程安排：

Day99 景洪—江城	Day100 江城—元阳
Day101 元阳—金平	Day102 金平—河口
Day103 河口—麻栗坡	Day104 麻栗坡—靖西
Day105 靖西—那坡—凭祥	Day106 凭祥—东兴
Day107 东兴—北海	Day108 北海—徐闻
Day109 徐闻—阳江	Day110 阳江休整

Day99

2024 年 8 月 7 日

景洪—江城

　　十层大山，又称宽罗珊山，是一座坐落于中国云南省南部、越南奠边省西北部及老挝非沙里省北部的山峰，为该三国边界的交界点，海拔高度 1864 米。山顶之地被称为"鸡鸣三国"，该处竖立一块花岗岩界碑。

鸡鸣三国

Day100

2024年8月8日

江城—元阳

墨江北回归线

标志园位于墨江县城西、昆曼大通道墨江段东侧，是昆明通往普洱及西双版纳的必经之地。景区以"北回归线文化"为主题，始建于1993年，是世界上规模最大、功能最齐全的北回归线标志园之一。它融天文、地理和园林艺术、民族文化、观赏旅游为一体，被云南省评定为爱国主义教育基地和天文科普教育基地，是普洱市第一批AAAA级旅游景区。

墨江北回归线标志园

2024年 第六届环驾中国边境线

Day101

2024年8月9日

元阳—金平

元阳梯田

在第 37 届世界遗产大会上，云南红河元阳哈尼梯田文化景观被成功列入联合国教科文组织世界遗产名录。从而，红河哈尼梯田文化景观成为我国第 45 处世界遗产和我国首个以民族名称命名的世界遗产。

金水河口岸

Day102

2024年8月10日

金平—河口

河口口岸

是中越边境云南段最大的口岸,又是滇越铁路昆河段终点站,属国家一类口岸。位于中国云南省红河州河口县城南端,与越南老街市隔河相望,国境线长193公里。

滇越铁路

2024年 第六届环驾中国边境线

Day103

2024 年 8 月 11 日

河口—麻栗坡

天保口岸

位于云南省文山州麻栗坡县南端老山脚下天保镇，与越南河江省河江市清水河口岸相邻。州府所在地文山至天保口岸的公路与越南二号国道相连接。当天由于路上遇到塌方，耽误了时间，我们没有去成天保口岸。

Day104

2024年8月12日

麻栗坡—靖西

麻栗坡烈士陵园位于**麻栗坡**县城北面4公里的苍松翠柏中，建于1979年，陵园中安放着对越自卫反击战中，在扣林山、老山、八里河东山英勇奋战献出宝贵生命的烈士忠骨，整座陵园占地50余亩，背靠青山，面向祖国，山势巍峨，建筑宏伟。

广西壮族自治区与云南省界

Day105

2024 年 8 月 13 日

靖西—那坡—凭祥

那坡黑衣壮寨

黑衣壮人分布在那坡县的石山中，百色市那坡县吞力屯是唯一开发旅游的黑衣壮寨。黑衣壮人热情好客、勤劳朴实。走进壮寨，黑衣壮人会热情地唱着山歌为你递上迎宾的玉米酒，然后邀请你到家里做客。黑衣壮人生性浪漫，生活中不可缺少歌舞，无论是劳作还是恋爱，逢年过节、迎宾送客，他们都会唱起欢快的山歌，跳起古朴的舞蹈，表达他们如火的热情。

那坡黑衣壮寨

Day 106

2024 年 8 月 14 日

凭祥—东兴

凭祥友谊关

友谊关是我国九大名关之一。关楼左侧是左弼山城墙，右侧是右辅山城墙，犹如巨蟒分联两山之麓，气势磅礴。

爱店口岸

Day107

2024 年 8 月 15 日

东兴—北海

东兴口岸

位于广西防城港市东兴市区，其对应口岸是越南芒街口岸。南防高速转防城—东兴一级公路可达。东兴口岸过去曾是我国援越物资的输出通道，1978 年关闭，1994 年经国务院批准重新开放。

山海相连广场

Day108

2024 年 8 月 16 日

北海—徐闻

侨港镇

这里有著名的糖水小吃街。侨港是当年联合国安置难民的示范点，镇上大部分的居民都有越南背景，既会说越南话也会本地话，浓郁的越南风情和海滩渔港形成了小镇独特的魅力。我们原本计划观看开渔节，可是没有预约，只能在岸边感受一下！

中国大陆南极村

Day109

2024 年 8 月 17 日

徐闻—阳江

海陵岛

位于阳江市，是广东的第四大岛，享有"南方北戴河"和"东方夏威夷"之美称。从 2005 年到 2007 年连续 3 年被《中国国家地理》杂志评为"中国十大最美海岛"之一。岛上主要游玩景点集中在西南角海滨，有闸坡大角湾、马尾岛、十里银滩等。

海陵岛

Day110
2024 年 8 月 18 日

阳江休整

北洛秘境山体公园

　　北洛秘境旁边的小山就是山体公园，这里不仅有悬崖泳池，还有临海栈道。山体公园的入口就在北洛秘境度假酒店边上，我们住的洛悦酒店大堂外面有摆渡车可以过去，当然你也可以选择步行，大约15分钟的山路，走起来并不困难。

悬崖泳池

2024年第六届环驾中国边境线
第八段（阳江—北京）12天行程安排表

线路全程：4292 公里
风光指数：★★★★☆
线路难度：★★☆☆☆

行程节点：

阳江—深圳—南澳岛—平潭—霞浦—象山—宁波—上海—连云港—青岛—荣成—东营—塘沽—北京

旅程用时：

行车时间 12 天，此为推荐时间，请根据行程预留 1—2 天

行程安排：

Day111 阳江—深圳	Day112 深圳—南澳岛
Day113 南澳岛—平潭	Day114 平潭—霞浦
Day115 霞浦—象山	Day116 象山—宁波—上海
Day117 上海—连云港	Day118 连云港—青岛
Day119 青岛—荣成	Day120 荣成—东营
Day121 东营—塘沽	Day122 塘沽—北京

Day111

2024 年 8 月 19 日

阳江—深圳

中英街

　　位于深圳市盐田区沙头角街道的中英街，由梧桐山流向大鹏湾的小河河床淤积而成，原名"鹭鹚径"。长不足 500 米，宽不足 7 米，街心以"界碑石"为界，街边商店林立，有来自五大洲的产品，品种十分齐全。1898 年刻立的"光绪二十四年中英地界第 × 号"界碑，成为弘扬爱国主义的警示钟。

中英街界碑

2024 年　第六届环驾中国边境线

Day112

2024年8月20日

深圳—南澳岛

海上古堡

　　一个废弃的潮汐发电站，被当地人称为"网红烂尾楼""海上古堡"，位于汕尾南海观世音旅游区。它面朝蔚蓝的大海，周围环绕着岬屿和礁岩，海浪拍打在礁石上非常壮观，给人一种失落世界的感觉。当天气晴朗时，海和天连成一片，非常美丽。

自然之门

Day113

2024年8月21日

南澳岛—平潭

猴研岛

  一座与台湾隔海相望的小海岛，一个距台湾新竹南寮渔港仅68海里（相当于126公里）的小岛，位于平潭县东澳村。山上建了一座高3米、宽5米的"祖国大陆距离台湾岛最近的地方"的标志牌，临海而立。小岛常年受风浪侵袭，岛上怪石嶙峋，草木稀少，是平潭岛"光长石头不长草"的典型代表。整个猴研岛，放眼所到之处，皆为岩石。

猴研岛

Day114

2024 年 8 月 22 日

平潭—霞浦

北岐滩涂

　　北岐属宁德市霞浦县松山街道一个小渔村，距城关 5 公里，是摄影人必到之处。滩涂养殖贝类、种植紫菜，渔民挖蛏拾贝、养护采收紫菜、缯网捕鱼等作业，使风光融进人文与地域元素，移步换景，拍摄内容相当丰富。海潮初涨，忙碌的船只穿梭在竿影之间，与波光粼粼的大海、岛屿、远山浑然一体，美不可言。

北岐滩涂

Day115

2024 年 8 月 23 日

霞浦—象山

东壁村

    坐落在福建省宁德市霞浦县东南部的古村落，是一个让人流连忘返的地方。这里有着悠久的历史，始建于明代，至今已有 500 多年的历史，还是福建省的重点文物保护单位。东壁村的风景也是一绝。村里古树参天、溪流潺潺，景色宜人。尤其是那些古树，枝繁叶茂，仿佛在诉说着村子的故事。

Day116

2024年8月24日

象山—宁波—上海

慈城古县城

慈城古县城位于浙江省宁波市江北区慈城镇老城区，保留着当年县城的格局和大量明清古建筑，在整个古县城走走逛逛大约需要1天。漫步城中，随处可见古朴的深宅大院，是一座舒服且安静的古城。不要错过物美价廉的特色小吃，其中上过央视的慈城年糕较为出名。

长江入海口

Day117

2024 年 8 月 25 日

上海—连云港

江苏盐城国家级珍禽自然保护区

这里是全国第一个海涂型自然保护区。保护区内的珍禽驯养场已取得了丹顶鹤等人工孵化及越冬半散养的经验，因而现在任何时候到保护区，都可以看到这类珍禽。

丹顶鹤自然保护区

2024 年　第六届环驾中国边境线

Day118

2024年8月26日

连云港—青岛

中国水准零点景区 海拔零点，是海拔的起点，又叫作水准零点，是测算海拔高度的基准点，指某一滨海地点的平均海水面。它是根据当地测潮站的多年记录，把海水面的位置加以平均而得出的。新中国成立前，我国的海拔零点很不一致；新中国成立后，从1956年起，统一改用青岛零点作为各地计算海拔高度的水准零点。

中国海拔水准零点纪念园

Day119

2024 年 8 月 27 日

青岛—荣成

成山头

又称成山角或"天尽头",位于山东省威海市荣成市成山镇,因地处成山山脉最东端而得名。成山头三面环海,一面接陆,与韩国隔海相望,仅相距 94 海里。成山头是最早看见海上日出的地方,自古就被誉为"太阳启升的地方",春秋时称"朝舞",有"中国的好望角"之称,也被评为"中国最美八大海岸"之一。

成山头

2024 年 第六届环驾中国边境线

Day120

2024 年 8 月 28 日

荣成—东营

布鲁维斯沉船

巴拿马籍散货船"布鲁维斯号"搁浅在威海海域，此情此景别有一番孤独寂寥之美！

Day121

2024 年 8 月 29 日

东营—塘沽

黄河入海口

万里黄河，从青藏高原奔流而来，在黄河入海口注入渤海。在这里，黄河终于与大海相汇，河海相拥、交互缠绕，形成了黄蓝交汇的自然奇观。这一刻，黄河终于完成了她的使命，与渤海融为一体。当海河交汇的时候，一切都变得那么平静安详，又震撼人心。

黄河入海口游船

Day122

2024年8月30日

塘沽—北京

国家海洋博物馆

国家海洋博物馆坐落于天津滨海新区中新生态城，占地面积15公顷，建筑面积8万平方米，展览展示面积2.3万平方米。国家海洋博物馆建筑主体3层，局部4层。陈列展览内容围绕"海洋与人类"主题展开，分为"海洋人文""海洋自然""海洋生态"三大板块，共设六大展区15个展厅，同时设有博物馆商店、餐厅、咖啡厅、影院等公共服务设施。

庆功晚宴

2024 年环驾中国边境线之旅凯旋

若你决定灿烂，山无遮，海无拦！

勇敢的人先享受世界！

祝贺大家圆梦成功！

2024 年 第六届环驾中国边境线